创新人才培养系列教材

企业会计综合实践

邹小磊　仲伟俊◎主　编

孙梦丹　郑娟娟　吴　婷　吴泓婧◎副主编

電子工業出版社

Publishing House of Electronics Industry

北京 · BEIJING

内 容 简 介

企业会计综合实践是助力会计专业的学生将理论知识转换为实践能力的一个重要环节。本书以企业从成立到经营的实际业务为主线，按照现行企业会计准则及企业会计工作的要求，让学生自动代入企业财务人员的身份，亲自动手实践，完成“单—证—账—表”一整套系统的账务处理。该账务处理涵盖筹资业务、采购业务、生产业务、销售业务等主营业务，以及成本核算、材料成本差异结转、银行结算、贷款、投资、捐赠、纳税和财产清等其他业务。通过这样的训练，真正做到理论联系实际，提高学生在实务操作方面的综合素质，培养实用型的会计人才，为学生毕业以后从事会计工作打下坚实的基础。

本书适用于高等院校经济管理类专业学生，尤其是会计、财务管理等相关专业学生，还适用于各类职业院校相关专业学生。

图书在版编目（CIP）数据

企业会计综合实践 / 邹小磊，仲伟俊主编. -- 北京 ：电子工业出版社，2025. 8. -- ISBN 978-7-121-50645-1

Ⅰ. F275.2

中国国家版本馆 CIP 数据核字第 20258LH828 号

责任编辑：贾瑞敏
印　　刷：涿州市京南印刷厂
装　　订：涿州市京南印刷厂
出版发行：电子工业出版社
　　　　　北京市海淀区万寿路 173 信箱　　邮编 100036
开　　本：787×1092　1/16　印张：5.75　字数：319.2 千字　插页：86
版　　次：2025 年 8 月第 1 版
印　　次：2025 年 8 月第 1 次印刷
定　　价：55.00 元

凡所购买电子工业出版社图书有缺损问题，请向购买书店调换。若书店售缺，请与本社发行部联系，联系及邮购电话：（010）88254888，88258888。

质量投诉请发邮件至 zlts@phei.com.cn，盗版侵权举报请发邮件至 dbqq@phei.com.cn。

本书咨询联系方式：（010）88254019，jrm@phei.com.cn。

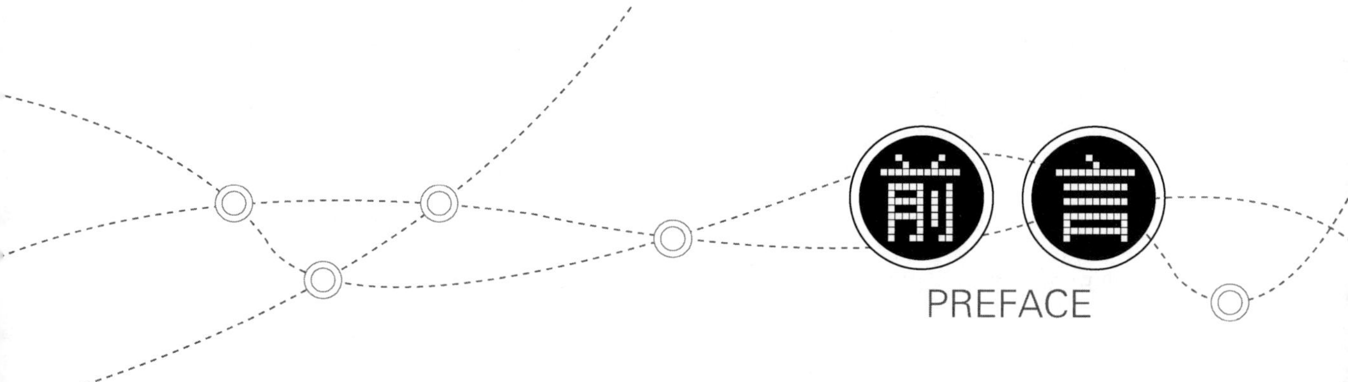

前言

为培养符合社会经济建设需要、具备扎实理论基础、具有较强专业知识和动手能力的高素质应用型会计专业人才，并提高学生会计实务操作能力，编者根据多年从事的会计理论与实践教学经验，编写了《企业会计综合实践》（以下简称“本书”）。

本书以无锡太湖服装有限公司202*年11月份筹建期及12月份的经济业务作为实验资料，业务范围涉猎广泛，包括筹资业务、采购业务、生产业务、销售业务主营业务、成本核算、材料成本差异结转、银行结算、贷款、投资、捐赠、纳税和财产清查等，体现各类真实经济业务，实践性及应用性很强。本书的实验内容主要包括原始凭证的填制与审核，记账凭证的填制与审核，日记账、明细账登记，科目汇总表编制，总账登记，报表填制以及纳税申报。编者编写本书，旨在让学生全面理解和掌握会计专业知识，将财务会计理论与实际应用相结合，提高学生实际业务处理能力。本书从实际应用的角度出发，对学生进行理论联系实际的训练，为学生今后从事会计工作打下坚实的基础。

本书具有以下特点：

（1）使用最新税率编写。

（2）使用最新的财务报表格式。

（3）本书配套实习专用账簿。

（4）本书配备教师用书或教师专用资源，含会计分录答案，总账、各类明细账答案，以及财务报表答案。

本书为校企合编教材，由无锡太湖学院会计学院和无锡快乐说教育科技有限公司合作完成。本书由无锡太湖学院邹小磊、仲伟俊任主编，无锡太湖学院孙梦丹、吴婷、吴泓婧和无锡快乐说教育科技有限公司郑娟娟任副主编组织编写。编者在编写过程中，参考和借鉴了大量的相关实验教材，得到了电子工业出版社的大力支持，在此表示诚挚的谢意!

由于作者水平有限，加之税收法律规定变化较快，教材实验内容难免有疏漏之处，恳请读者提出改进意见，以便我们进一步修订和完善此教材。

邹小磊、仲伟俊

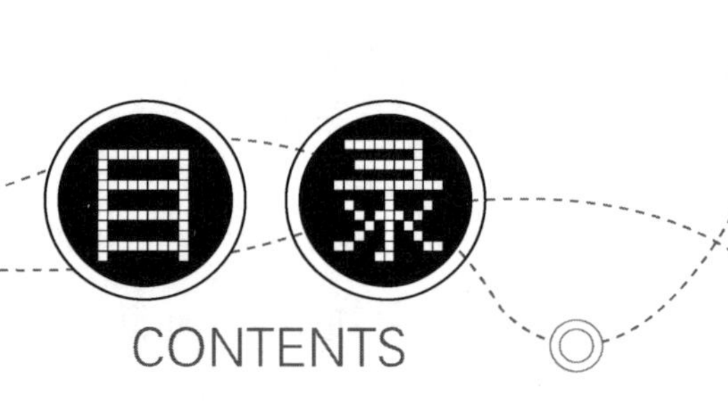
目录
CONTENTS

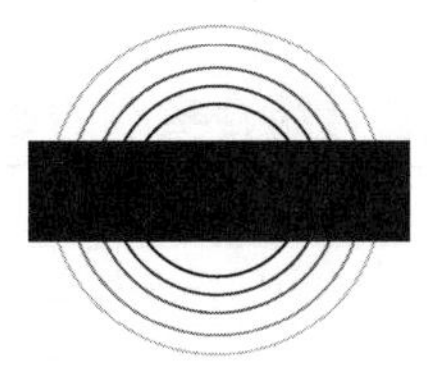

绪　论

一、企业会计综合实践的目标和意义

企业会计综合实践是会计专业的学生将理论知识向实践能力转换必须经历的一个重要环节。本书以企业从成立到经营的实际业务为主线，按照现行企业会计准则及企业会计工作的要求，让学生自动代入企业财务人员的身份，亲自动手实践，完成“单—证—账—表”一整套系统的账务处理。真正做到理论联系实际，提高学生在实务操作方面的综合素质，培养实用型的会计人才，为学生毕业以后从事会计工作打下坚实的基础。

二、企业会计综合实践的内容

本书以企业会计工作的全流程为框架，以完成一个完整会计循环为内容，用真实企业的原始数据作为模拟数据来源，构成了企业会计综合实践的内容，如表 0-1 所示。

表 0-1　企业会计综合实践的内容

序列	内　容	详　情
1	了解企业相关信息	了解企业概况、组织架构、会计核算制度等相关信息
2	建账	结合会计科目，完成所有账簿的建账操作
3	日常会计处理	企业开办期和经营期业务处理、现金收付、银行收付业务、接受投资、短期借款、固定资产和无形资产购入、购进原材料、销售商品、销售材料、应收账款和应付账款的核算、日常费用的核算等等
4	成本核算	直接材料、直接人工、制造费用归集与分配的核算、完工产品的成本核算
5	期末会计处理	各项费用的计提和摊销、计算本月应缴各种税费、结转损益、计算利润和利润分配；期末对账、试算平衡和结账
6	会计报表编制	编制资产负债表和利润表
7	会计档案装订、归档	装订会计凭证、会计账簿、会计报表，并归档保管

三、企业会计综合实践的必备基础知识

在进行企业会计综合实践之前，必须全面、系统地学习基础知识。只有掌握了这些基础

知识，才能游刃有余地进行模拟实训操作。必备的基础知识如表 0-2 所示。

表 0-2 企业会计综合实践的必备基础知识

模　　块	必备基础知识	内容及要求
会计总论	会计的概念与目标	了解会计的发展历程、会计的对象与目标
		掌握会计的概念与特征
	会计的职能与核算	理解会计的基本职能和拓展职能
		掌握会计核算的内容
		掌握会计核算的方法
	会计基本假设与会计基础	了解会计基本假设
		理解会计核算基础
	会计信息质量要求	理解会计信息质量要求内涵
	会计准则体系	了解会计准则的具体构成
会计要素与会计等式	会计要素	理解会计要素的计量
		掌握会计要素的含义与分类
		掌握会计要素的确认
	会计等式	理解经济业务对会计等式的影响
		掌握会计等式的表现形式
会计科目与账户	会计科目	理解会计科目的设置
		掌握会计科目的概念与分类
	账户	了解账户与会计科目的关系
		理解账户的结构和功能
		掌握账户的概念与分类
会计记账方法	记账方法的种类	了解单式记账法原理
		掌握复式记账法的概念、优点和种类
	借贷记账法	理解借贷记账法的基本原理
		掌握借贷记账法下的账户结构
		掌握账户的对应关系
		会编制会计分录
		会总分类账与明细账的平行登记
		会编制试算平衡表
会计凭证	会计凭证	了解会计凭证的作用
		了解会计凭证的分类
		掌握会计凭证的概念
	原始凭证	了解原始凭证的种类
		掌握原始凭证的基本内容
		理解原始凭证的填制要求，会规范正确填制常用原始凭证
		理解原始凭证的审核要求，会规范正确审核原始凭证
	记账凭证	了解记账凭证的种类
		掌握记账凭证的基本内容
		掌握记账凭证的填制要求，会规范正确填制记账凭证
		了解记账凭证的审核内容，会规范正确审核记账凭证

续表

模　块	必备基础知识	内容及要求
会计账簿	会计账簿概述	了解会计账簿的作用
		理解会计账簿的种类
		掌握会计账簿的概念
		掌握会计账簿的基本内容
	会计账簿的启用与登记要求	了解会计账簿的启用内容
		掌握会计账簿的登记要求
	会计账簿格式和登记要求	掌握日记账的格式和登记方法
		掌握总分类账的格式和登记方法
		会登记总分类账、日记账和明细账
	对账与结账	掌握对账的概念和内容
		掌握结账的概念与程序
	错账查找与更正方法	掌握错账查找方法
		掌握错账更正方法
	会计账簿的更换与保管	掌握会计账簿的更换要求
		理解会计账簿的保管要求
账务处理程序	账务处理程序概述	了解账务处理程序的意义
		了解账务处理程序的种类
		了解账务处理程序的概念
	记账凭证账务处理程序	了解记账凭证账务处理程序的一般步骤
		了解记账凭证账务处理程序的内容
	科目汇总表账务处理程序	了解科目汇总表账务处理程序的一般步骤
		掌握科目汇总表的编制方法
		掌握科目汇总表账务处理程序的内容
财务报表	财务报表概述	了解财务报表编制前的准备工作
		理解财务报表编制的基本要求
		掌握财务报表的概念与分类
	资产负债表	了解资产负债表的作用
		了解资产负债表的一般格式
		掌握资产负债表的概念
		掌握资产负债表的列示要求
		会编制资产负债表
	利润表	了解利润表的作用
		了解利润表的一般格式
		掌握利润表的概念
		掌握利润表的列示要求
		会编制利润表

准备工作

任务一　了解模拟企业相关信息

一、模拟企业基本信息

企业名称：无锡太湖服装有限公司

行业类型：制造业

纳税人识别号：913202112345166888

法定代表人及总经理：郑高彦

注册资本：1,000 万元

开户银行（基本户）：中国建设银行无锡荣巷支行

银行账号：3200375389722088

企业地址：无锡市钱荣路 68 号

企业电话：086—85216688

无锡太湖服装有限公司创立于 202*年。企业经营范围：一般项目：服饰制造；服装制造；服饰研发；服装服饰零售；服装辅料制造；服装服饰批发。【依法须经批准的项目，经相关部门批准后方可开展经营活动】

二、内部组织架构及人员分布

企业内部组织架构如图 1-1 所示。

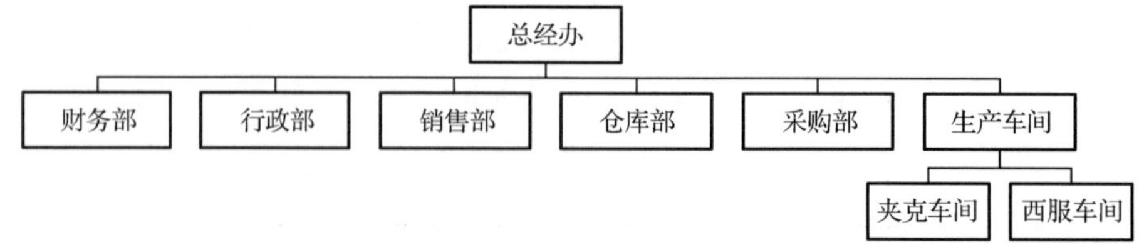

图 1-1　企业内部组织架构

企业各部门情况如表 1-1 所示。

表 1-1 企业各部门情况

部 门	部门负责人	部门人数/人
总经办	郑高彦	1
财务部	王晓琳	3
行政部	朱波	3
销售部	王倩	3
仓库部	徐旦波	2
采购部	王峰	2
生产车间——夹克车间	李玉松	10
生产车间——西服车间	徐俊伟	10

三、对外长期股权投资

企业对外长期股权投资情况如表 1-2 所示。

表 1-2 企业对外长期股权投资情况

对外投资单位	无锡市海棠制衣股份有限公司
投资比例	30%
投资成本/元	3,000,000.00

四、生产工艺流程

企业生产工艺流程如图 1-2 所示。

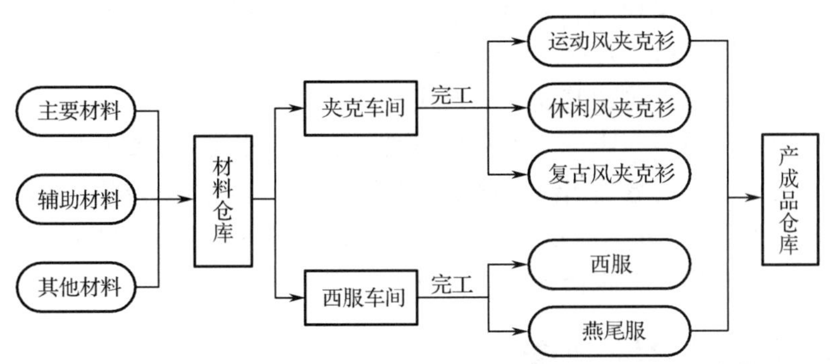

图 1-2 企业生产工艺流程

任务二 了解模拟企业会计核算与相关制度

一、模拟企业会计核算制度

（1）企业会计制度健全，执行《企业会计准则》。

（2）财务报表以持续经营为编制基础。

（3）会计年度自公历 1 月 1 日起至 12 月 31 日止。

（4）记账本位币为人民币（核算中金额计算保留至分位），记账文字为中文。

（5）会计核算以权责发生制为记账基础。除某些金融工具外，均以历史成本为计价原则。资产如果发生减值，则按照相关规定计提相应的减值准备。

（6）工资实行下发制，每月 15 日发放上月工资，每月末计提本月工资。

（7）202*年 11 月份为筹建期，12 月份开始进入经营期。

二、库存现金管理制度

（1）企业所有现金收支由财务部出纳负责。

（2）企业在下列范围内可以使用现金：职工工资、津贴、奖金、个人劳务报酬；出差人员必须携带的差旅费、备用金；1,000 元以下零星支出。

（3）企业库存现金按照国家会计制度执行，不得超过开户银行核定的现金限额，超出部分应存入银行。

（4）财务人员支付现金可以从企业库存现金限额中支出或从银行存款中提取，不得从现金收入中直接支付，一般情况下不得坐支，如果遇到特殊情况确需坐支的，必须事先报总经理和开户银行批准。

（5）出纳应当建立健全现金帐目，逐日逐笔记载现金收入与支付，做到日清月结、账款相符。

三、银行存款管理制度

（1）除规定范围内直接使用现金结算外，其他收付业务均须通过银行办理结算。

（2）企业财务专用章和法人章由会计机构负责人和出纳分别保管，严禁由一人统一保管使用。印鉴保管人临时出差时由其委托他人代管。

（3）必须认真贯彻执行《中华人民共和国票据法》等相关的结算管理制度。

（4）出纳人员应逐日逐笔登记银行存款日记账，每日终了结出余额。会计人员应定期取得对账单并核对银行账户，每月至少核对一次，如有不相符的，应编制银行存款余额调节表。如调节不符，应查明原因，并报会计机构负责人处理。

四、费用报销审批制度

（1）企业费用报销包括交通费、通信费、差旅费、招待费、报刊费、车辆使用费、低值易耗品购置费、工会经费、福利费及生产经营过程中的费用等支出。

（2）报销流程：经办人申请→本部门主管审核→财务负责人审核→总经理审批→出纳支付。

（3）审核内容包括：费用报销是否经费用发生部门经理或分管领导审批；报销内容是否符合公司规定；报销凭证是否真实、合法、齐全；审批权限是否在合法授权范围及额度内。

（4）报销单上所有内容均需完整填写，严禁用圆珠笔填写报销单、严禁涂改，报销单的

“经办人”务必由本人亲笔签名，单据填写不齐全或涂改的，一律不予受理。

（5）因公出差的借款，在回到单位 5 个工作日内需结清，不得拖欠。

（6）差旅费报销必须严格按照标准执行，如表 1-3 所示，超出部分由员工个人承担。

表 1-3　差旅费标准明细表

单位：元

岗位级别	住宿标准（每房计）			交通工具	餐饮费
	一线城市	省会城市	地级市（县）		
一般员工	400	350	300	火车（硬卧）、高铁（二等座）或汽车（含卧铺）	实报实销
部门负责人	450	400	350	飞机（经济舱）、火车（硬卧）、高铁（二等座）	实报实销
总经理助理	500	450	400	飞机（经济舱）、火车（软卧）、高铁（二等座）	实报实销
总经理及以上	550	500	450	飞机（经济舱）、火车（软卧）、高铁（二等座）	实报实销

五、生产成本核算制度

（1）企业的夹克车间和西服车间为两个单独生产的车间，产品采用品种法核算成本。

（2）材料的领用采用月末一次加权平均来计价，领用为一次性投入。

（3）生产过程中实际消耗的直接材料、直接人工、制造费用计入产品成本。

（4）制造费用按直接人工比例进行分配。

（5）公司采用约当产量法对在产品和完工产品进行分配，约当比例统一为 50%。

六、存货管理制度

（1）存货的入账价值包括买价加运输、装卸、保险费及运输途中的合理损耗。

（2）存货计价方法：按实际成本计价，采用月末一次加权平均法。

（3）存货盘点方法采用永续盘存制，定期盘点库存物资，保证库存物资达到账证相符、账实相符、账账相符。

（4）库存物资的盘盈、盘亏的处理决定权由企业仓储部门与财务部门行使，并报仓库主管领导和财务主管、总经理审核批准。

七、固定资产核算制度

（1）组织执行国家有关固定资产管理的各项规章制度，会同财务管理部建立固定资产台账和卡片，负责记录固定资产取得的日期、金额、预计使用年限和使用单位等内容，并对每项固定资产进行编号管理。

（2）为确保办理固定资产业务的不相容岗位相互分离、制约和监督。同一部门或个人不得办理固定资产业务的全过程。

（3）部门定期进行全面清查盘点工作，核对账、卡、物，及时督促处理盘点中发生的问题，及时进行账务处理。

（4）固定资产折旧采用年限平均法，固定资产的类别、折旧年限和残值率如表 1-4 所示。

表 1-4　固定资产的类别、折旧年限和残值率

类　别	折旧年限/年	残值率/%
机器机械生产设备	10	5
器具、工具、家具	5	5
运输工具	4	5
电子设备	3	5

八、主要税种及税率核算制度

本企业为增值税一般纳税人，企业所得税按季度预缴，按年度汇算清缴。主要税种及税率如表 1-5 所示。

表 1-5　主要税种及税率

税　种	税　率
增值税	13%
企业所得税	25%
城市维护建设税	7%
教育费附加	3%
地方教育附加	2%

九、社会保险费和住房公积金的核算制度

企业按有关规定计算缴纳社会保险费和住房公积金。基本社会保险及住房公积金以应发工资作为计提基数，计提比例如表 1-6 所示。

表 1-6　基本社会保险及住房公积金计提比例

项　目	单　位	个　人
基本养老保险	16%	8%
基本医疗保险	5.5%	2%
补充医疗保险	0.2%	—
失业保险	0.50%	0.50%
生育保险	0.80%	—
工伤保险	0.32%	—
公积金	8%	8%

十、个人所得税的核算制度

个人所得税起征点为 5,000 元/月，所得适用七级超额累进税率，计算公式如下：

累计预扣预缴应纳税所得额=累计收入-累计免税收入-累计减除费用-累计专项扣除-累计专项附加扣除-累计依法确定的其他扣除

本期应预扣预缴税额=（累计预扣预缴应纳税所得额×预扣率-速算扣除数）-累计减免税额-累计已预扣预缴税额

备注：累计减除费用，按照5,000元/月乘以纳税人当年截至本月在本单位的任职受雇月份数计算。

其中，个人所得税预扣情况如表1-7所示。

表1-7　个人所得税预扣表

级　数	全年应纳税所得额	税率/%	速算扣除数/元
1	不超过36,000元的	3	0
2	超过36,000元至144,000元的部分	10	2,520
3	超过144,000元至300,000元的部分	20	16,920
4	超过300,000元至420,000元的部分	25	31,920
5	超过420,000元至660,000元的部分	30	52,920
6	超过660,000元至960,000元的部分	35	85,920
7	超过960,000元的部分	45	181,920

根据规定，员工专项附加扣除信息如表1-8所示。

表1-8　员工专项附加扣除信息表

单位：元

部门	职　位	姓名	项　目							合计
			子女教育	继续教育	大病医疗	住房贷款利息	住房租金	赡养老人	婴幼儿照护	
总经办	总经理	郑高彦	1,000							1,000
财务部	会计主管	王晓琳	1,000					1,500		2,500
	出纳	张燕		400						400
行政部	行政主管	朱波				500				500
	内勤	陈文	2,000							2,000
销售部	销售主管	王倩		400		1,000				1,400
	销售员	李林	2,000							2,000
仓库部	仓库主管	徐旦波	1,000							1,000
采购部	采购主管	王峰				1,000				1,000
夹克车间	工人	陈海	1,000			500		1,500		3,000
	工人	曹学志	1,000							1,000
西服车间	车间主任	徐俊伟	1,000	400			1,100			2,500
	工人	尹致高	1,000							1,000
	工人	杨文建	2,000							2,000

任务三　实训准备

一、会计核算流程

在了解模拟企业相关信息后，开始根据经济业务进行账务处理。首先根据审核后的原始单据填制相应的记账凭证，再根据审核后的记账凭证登记明细账，编制科目汇总表，最后根据科目汇总表或者明细账登记总分类账，编制会计报表。相关核算流程如图 1-3 所示。

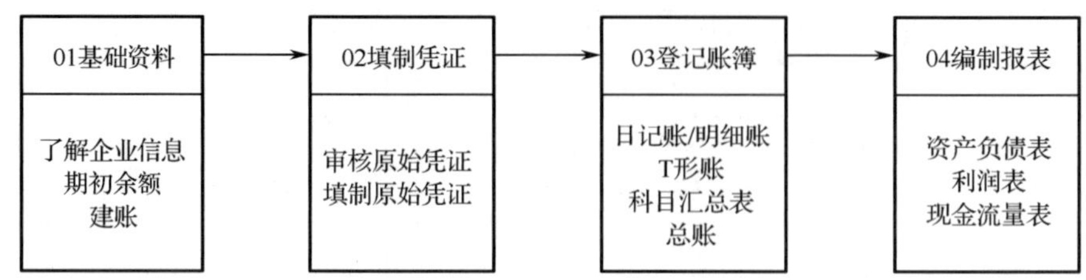

图 1-3　核算流程

本书的实训流程严格按照账务处理流程进行开展，请按照本书所列顺序进行学习。

二、会计科目准备

模拟企业采用《企业会计准则》，根据该准则附录选择一级科目，根据核算需要设置明细科目。

三、物料准备

根据模拟企业的经济业务，账务处理的物料需自行准备。相关企业会计综合实践用品如表 1-9 所示。

表 1-9　企业会计综合实践用品

序号	名　称	单位	数量	序号	名　称	单位	数量
1	记账凭证	本	2	12	凭证装订机	台	1
2	科目汇总表	份	2	13	剪刀	把	1
3	现金日记账	本	1	14	订书机	个	1
4	银行存款日记账	本	1	15	直尺	把	1
5	三栏式明细分类账	本	1	16	回形针	盒	1
6	固定资产式卡片明细账	本	1	17	胶水	盒	1
7	数量金额式明细账	本	1	18	财会专用水笔（黑色）	支	1
8	通用多栏式明细账	本	1	19	财会专用水笔（红色）	支	1
9	增值税专用多栏式明细账	本	1	20	橡皮	块	1
10	总分类账	本	1	21	铅笔	支	1
11	封面、封底、包角	套	2				

建账

任务一　预备理论知识

建账是会计工作的起点，会计人员应准备好建账所需素材。相关素材的内容及用途如表 2-1 所示。

表 2-1　素材的内容及用途

素　材	内　容	用　途
会计凭证	原始凭证、记账凭证	记录日常发生的经济业务
会计账簿	明细分类账、总分类账等	登记企业发生的经济业务
会计报表	资产负债表、利润表等	反映企业资产负债及经营情况
其他	原始凭证粘贴单、凭证封面、封底、包角、胶水、装订机等	辅助填制、整理、装订凭证

一、认识账簿

会计账簿是由具有一定格式、互相联系的账页所组成的，用来序时、分类地全面记录一个企业、单位经济业务事项的会计簿籍。

会计账簿的种类很多，不同类别的会计账簿可以提供不同的信息，满足不同的需求。在实务工作中，通常使用以下三种方法进行分类，如图 2-1 所示。

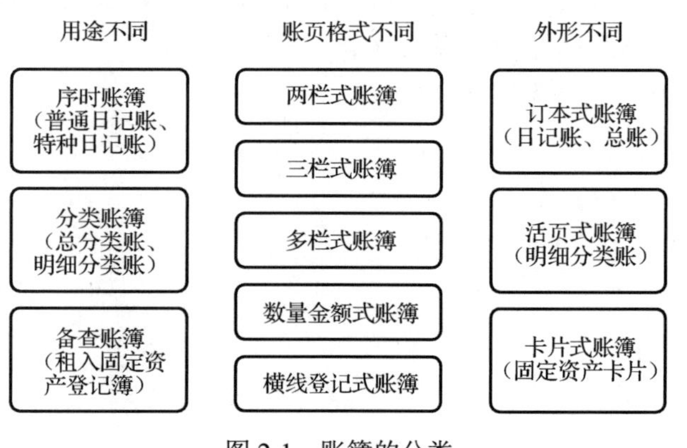

图 2-1　账簿的分类

二、启用账簿

新建单位和原有单位在年度开始时，会计人员均应根据核算工作的需要设置应用账簿，即平常所说的“建账”。建账基准日应以公司成立日即营业执照签发日或营业执照变更日为准。

为了保证账簿记录的合法性和会计资料的完整性，明确记账责任，在启用会计账簿时，应在账簿封面上写明账簿名称和单位名称，账簿应具备封面、扉页和账页三大基本内容。

1. 封面

封面主要用来标明账簿的名称，如总分类账簿、明细分类账簿、现金日记账簿、银行存款日记账簿等。

2. 扉页

扉页主要用来列明会计账簿的使用信息，主要内容包括：启用日期、账簿页数、财务负责人和主办会计签名并加盖的人名章，以及加盖的单位公章。

3. 账页

账页是账簿用来记录经济业务的主要载体，主要内容包括账户的名称、日期栏、凭证种类和编号栏、摘要栏、金额栏等。

任务二　实训设计

根据本企业的会计科目信息和账簿类型信息，进行建账工作，包括填写账簿启用及交接表。

（1）账簿启用日期为：202*年 11 月 1 日。

（2）账簿编号顺序为：总分类账簿 01，现金日记账簿 02，银行存款日记账簿 03，明细分类账簿 04。

（3）将附件中的空白账簿、封面、封底、账簿启用及交接表按照要求进行分类，并装订成册，规范填写账簿名称和账簿启用及交接表上的相关信息。

（4）本企业为新办企业，无期初余额。

审核原始凭证

任务一　预备理论知识

会计凭证是记录经济交易或事项、明确经济责任、据以登记账簿的书面证明。会计凭证多种多样，按其填制的程序和用途分类，可以分为原始凭证和记账凭证两大类。

原始凭证又称单据，是在经济业务发生或完成时取得或填制的，用以记录或证明经济业务的发生或完成情况的文字凭据。

原始凭证按其取得的来源，可以分为自制原始凭证和外来原始凭证。自制原始凭证是指本单位有关部门和人员，在执行或完成某项经济业务时填制的，仅供本单位内部使用的原始凭证。例如，本单位购进材料验收入库，由仓库填制的入库单，车间向仓库领用材料时填制的领料单。外来原始凭证是指在经济业务发生或完成时，从其他单位或个人直接取得的原始凭证。例如，购买材料、商品时，从供货单位取得的发票。

原始凭证的填制要求：①记录要真实。②内容要完整。③手续要完备。④书写要清楚、规范。⑤不得涂改、刮擦、挖补。

原始凭证的审核要求：①合法性、合规性审查。②真实性审查。③完整性审查。④正确性审查。

任务二　实训设计

根据模拟企业发生的经济业务所提供的原始凭证进行审核并整理。

（1）将附件中每一笔业务的原始凭证裁剪下来，按规范进行整理。同一笔业务的原始凭证用回形针整理在一起，或按要求粘贴在一起。

（2）对原始凭证的合法性、合规性、合理性进行审核。

（3）审核无误后，按照经济业务发生的日期进行排序。

本书在附件中提供了模拟企业 202*年 11 月和 12 月发生经济业务的相关原始凭证，原始凭证详细列表如表 2-2 和表 2-3 所示。

表 2-2　202*年 11 月份经济业务列表

业　务　号	日　　期	摘　　要
1	11 月 15 日	注册资本款项入账
2	11 月 20 日	提取备用金
3	11 月 20 日	支付开办费
4	11 月 22 日	购买固定资产
5	11 月 30 日	计提本月工资
6	11 月 30 日	结转本期损益

表 2-3　202*年 12 月份经济业务列表

业　务　号	日　　期	摘　　要
1	12 月 1 日	向和和美美采购材料
2	12 月 1 日	购买办公用品
3	12 月 1 日	购买财务软件
4	12 月 2 日	借支出差请款
5	12 月 2 日	向兴泰无锡采购材料
6	12 月 3 日	报销图书资料费
7	12 月 3 日	购入交易性金融资产
8	12 月 3 日	向无锡恒达采购材料
9	12 月 4 日	取得长期股权投资
10	12 月 4 日	签发银行承兑汇票
11	12 月 5 日	向无锡中山采购材料
12	12 月 6 日	购入需要安装的机器设备
13	12 月 6 日	网络推广费
14	12 月 6 日	向无锡腾达采购材料
15	12 月 6 日	产品设计费
16	12 月 6 日	运动风夹克衫领用材料
17	12 月 7 日	休闲风夹克衫领用材料
18	12 月 8 日	复古风夹克衫领用材料
19	12 月 8 日	西服领用原料
20	12 月 8 日	燕尾服领用原料
21	12 月 8 日	领用包装材料
22	12 月 8 日	向无锡敬益采购物料
23	12 月 9 日	房租租赁
24	12 月 10 日	向无锡宏日采购配件
25	12 月 12 日	缴纳社保
26	12 月 12 日	申请签发银行本票
27	12 月 13 日	支付和和美美货款

续表

业务号	日期	摘要
28	12月13日	支付无锡兴泰货款
29	12月13日	支付无锡腾达货款
30	12月14日	支付无锡艺韩设计费
31	12月15日	工程完工达到预定可使用状态
32	12月15日	罚款收入
33	12月15日	短期借款
34	12月15日	采购材料（货到票未到）
35	12月15日	发放工资
36	12月15日	扣缴个税
37	12月17日	直播间装修费
38	12月20日	缴纳公积金
39	12月20日	采购材料（票到货未到）
40	12月22日	委托加工物资
41	12月23日	向华川实业赊销商品
42	12月25日	向毕胜商贸赊销商品
43	12月26日	向无锡盛业赊销商品
44	12月26日	销售折让
45	12月26日	绿植租赁费
46	12月27日	报销差旅费
47	12月28日	运输费
48	12月29日	报销快递费
49	12月31日	扣缴水电费
50	12月31日	交易性金融资产后续计量
51	12月31日	网银手续费
52	12月31日	计提本月工资
53	12月31日	计提本月社保
54	12月31日	计提本月公积金
55	12月31日	计提本月折旧
56	12月31日	摊销无形资产
57	12月31日	摊销直播间装修费
58	12月31日	分摊本月制造费用
59	12月31日	计算并结转本月完工产品
60	12月31日	现金折扣
61	12月31日	被投资单位实现净利润
62	12月31日	工会经费
63	12月31日	材料盘亏批准前

续表

业务号	日期	摘要
64	12月31日	材料盘亏批准后
65	12月31日	利息收入
66	12月31日	计提短期借款利息
67	12月31日	结转销售成本
68	12月31日	计算并结转增值税
69	12月31日	计提城市建设维护税及教育费附加
70	12月31日	结转损益
71	12月31日	计提并结转企业所得税
72	12月31日	提取法定盈余公积
73	12月31日	结转本年利润
74	12月31日	结转未分配利润

项目四

填制记账凭证

任务一　预备理论知识

记账凭证又称记账凭单或分录凭单，是会计人员根据审核无误的原始凭证按照经济业务事项的内容加以归类，并据以确定会计分录后所填制的会计凭证。它是登记账簿的直接依据。在实际工作中，为了便于登记账簿，需要将来自不同单位、种类繁多、数量庞大、格式大小不一的原始凭证加以归类、整理，填制具有统一格式的记账凭证，确定会计分录并将相关的原始凭证附在记账凭证后面。

一、记账凭证的基本内容

记账凭证按照用途可分为专用记账凭证和通用记账凭证；按照其填列方式可分为单式记账凭证和复式记账凭证；按照其反映的经济业务的内容可分为收款凭证、付款凭证和转账凭证。

记账凭证必须具备的基本内容：①填制单位的名称；②记账凭证的名称；③填制凭证的日期；④凭证的编号；⑤经济业务内容的摘要；⑥应借、应贷的会计科目（包括一级科目、二级科目或明细科目）和金额；⑦所附原始凭证的张数；⑧会计主管、制证、审核、记账等有关人员的签名或盖章。

二、记账凭证的填制要求

为了使记账凭证能够真实、正确、完整地反映经济业务，记账凭证的填制必须符合以下要求。

（1）正确、简明地填写摘要。记账凭证的摘要栏要用简练明确的语句概括经济业务内容的要点，这主要是为了便于查阅凭证和登记账簿。

（2）明确业务记录。不能把不同类型的经济业务合并填制到一张记账凭证上。一张记账凭证只能反映某一项经济业务，或若干项同类经济业务。

（3）准确使用会计科目。必须按规定的会计科目及其核算内容，正确编制会计分录，确保会计科目的准确运用。

（4）注明记账凭证的附件。记账凭证所附的原始凭证必须完整无缺，并在记账凭证上注明原始凭证的张数，以便核对摘要及所编会计分录是否准确无误。

（5）凭证按顺序编号。如果企业的各种经济业务的记账凭证，采用统一的一种格式（通用格式），凭证的编号可采用顺序编号法，即按月编顺序号。业务极少的单位可按年编顺序号。

（6）填写内容齐全。记账凭证中的各项内容必须填写齐全，并按规定程序办理签章手续，不得简化。

三、记账凭证的填制方法

（1）填制记账凭证的日期。一般是会计人员填制记账凭证的当天，也可根据管理需要填写会计交易或事项发生日期或月末日期。

（2）记账凭证的编号。通用记账凭证按会计交易或事项的顺序编号，不得缺号、断号。如有一笔会计交易或事项需要编制多张记账凭证时，采用分数编号法。例如，某张记账凭证需要编制 3 张，该凭证的顺序号为 1 时，可编号为 $001\frac{1}{3}$、$001\frac{2}{3}$、$001\frac{3}{3}$。

（3）会计科目的填写。采用借贷记账法编制会计分录，先借后贷，可以填制一借多贷或多借一贷的会计分录。

（4）记账凭证摘要的填写。摘要栏是对会计交易或事项的简要说明，要真实准确、简明扼要、书写工整。

四、记账凭证的审核

记账凭证的审核工作一般由会计主管或财务经理负责，有时财务人员之间也可内部交叉审核。

记账凭证的审核需要注意三点：审核基本内容是否填写齐全，附件数与后附单据的数量是否一致；审核摘要和分录是否与原始凭证记载的经济业务相符；审核签章是否完整。

任务二　实训设计

根据模拟企业 202*年 11 月和 12 月业务情景内容及所附的原始凭证（见附录 A 和附录 B），进行账务处理。其中，11 月为筹建期，按照筹建期相关要求进行账务处理；12 月为经营期，按照经营期相关要求进行账务处理。

（1）填制记账凭证。根据审核后的原始凭证，填制记账凭证；涉及成本核算和月末损益结转业务需自行进行计算后，再填制记账凭证。

（2）记账凭证填制完成后，请将同一笔业务的原始凭证粘贴在已填制的记账凭证后面，并按凭证号的先后顺序进行排序整理。

（3）记账凭证填写完毕之后，需进行审核，并由审核人员确认签字。

以下为模拟企业202*年11月和12月的业务详情说明：

1. 11月筹建期业务详情说明

【业务情景1】注册资本款项入账。202*年11月15日，收到银行通知基本户的开户许可证已经办理完成；公司收到股东郑高彦投入注册资本1,000万元，通过转账存入公司基本户，取得网银回单。

【业务情景2】提取备用金。202*年11月20日，公司开业初期，出纳到银行提取备用金10,000元。

【业务情景3】支付开办费。202*年11月20日，无锡市易道会计师事务有限公司代本公司代办的各种印章、证件等开办费用价税合计共2,120元，收到增值税专用发票，增值税税率6%，款项通过公司网银转账，取得网银回单。

【业务情景4】购买固定资产。202*年11月22日，采购部申请购买管理设备、生产车间申请购买生产设备，固定资产已经验收入库，收到增值税专用发票，增值税税率13%，价税合计1,321,761元，款项已转账支付。

【业务情景5】计提本月工资。202*年11月30日，计提本月工资61,586.20元。

【业务情景6】结转本期损益。202*年11月30日，将各项收益及成本费用结转至"本年利润"账户。

2. 12月经营期业务详情说明

【业务情景1】向和和美美采购材料。202*年12月1日，采购部从无锡市和和美美纺织品有限公司（简称和和美美）购入面料15,000米，单价80元，购入衬布15,000米，单价70元，收到增值税专用发票，增值税税率13%，价税合计2,542,500元，材料到达验收入库，款项尚未支付。

【业务情景2】向星辰文具购买办公用品。202*年12月1日，经行政部申请，向无锡市星辰文具用品有限公司（简称星辰文具）购买办公用品一批，收到增值税专用发票，增值税税率13%，价税合计5,650元，款项通过银行转账支付。

【业务情景3】购买财务软件。202*年12月1日，收到财务软件增值税专用发票，增值税税率13%，价税合计135,600元，款项已通过银行转账支付。

【业务情景4】借支出差请款。202*年12月2日，销售部填写请款单一张，准予出差请款2,000元，出纳现金付讫。

【业务情景5】向无锡兴泰采购材料。202*年12月2日，采购部从无锡市兴泰纽扣制品有限公司（简称无锡兴泰）购入纽扣4,000个，单价5元，收到增值税专用发票，增值税税率13%，价税合计22,600元，材料到达验收入库，款项尚未支付。

【业务情景6】报销图书资料费。202*年12月3日，行政部报销，购买服装设计系列的图书资料费610.70元，收到普通发票一张，出纳现金付讫。

【业务情景7】购入交易性金融资产。202*年12月3日，公司基本户划入证券交易账户共1,203,180元。其中：用于购买无锡市飞天鹅股份有限公司股票并划分为交易性金融资产，价款 1,200,000 元（其中包含已宣告但尚未发放的现金股利 7.2 万元）；交易费用 3,000 元，取得的增值税专用发票上注明的增值税额为 180 元。

【业务情景 8】向无锡恒达采购材料。202*年 12 月 3 日，采购部从无锡市恒达纺织品有限公司（简称无锡恒达）购入白布 1,200 米，单价 5 元，购入的确良 600 米，单价 5 元，收到增值税专用发票，增值税税率 13%，价税合计 10,170 元，材料到达验收入库，款项尚未支付。

【业务情景 9】取得长期股权投资。202*年 12 月 4 日，取得无锡市海棠制衣股份有限公司 30%的股权，支付价款 3,000,000 元。取得投资时被投资单位账面所有者权益的构成如下：（假定该时点被投资单位各项可辨认资产、负债的公允价值与其账面价值相同。）

实收资本：3,000,000

资本公积：2,400,000

盈余公积：600,000

未分配利润：1,500,000

所有者权益总额：7,500,000

假定在无锡市海棠制衣股份有限公司董事会中，所有股东均以其持股比例行使表决权。在取得对方股权后，派人参与了对方公司的财务和生产经营决策。因能够对生产经营决策施加重大影响，该项投资采用权益法核算。

【业务情景 10】签发银行承兑汇票。202*年 12 月 4 日，向无锡市恒达纺织品有限公司签发电子银行承兑汇票一张，金额 10,170 元，付讫前欠材料货款。

【业务情景 11】向无锡中山采购材料。202*年 12 月 5 日，采购部从无锡市中山贸易有限公司（简称无锡中山）购入线 800 卷，单价 10 元，收到增值税专用发票，增值税税率 13%，价税合计 9,040 元，材料到达验收入库，款项尚未支付。

【业务情景 12】购入需要安装的机器设备。202*年 12 月 6 日，收到向无锡市迎宾机械厂购入生产装备线 2 号的增值税专用发票。其中：生产装备线 2 号发票增值税税率 13%，价税合计 514,150 元；安装费发票增值税税率 6%，价税合计 10,600 元。款项尚未支付，生产线验收无误并直接交付安装。

【业务情景 13】网络推广费。202*年 12 月 6 日，销售部报销网络推广费，收到增值税专用发票，增值税税率 6%，价税合计 3,180 元，款项已通过银行转账支付。

【业务情景 14】向无锡腾达采购材料。202*年 12 月 6 日，采购部从无锡市腾达纸箱厂（简称无锡腾达）购入塑料袋 5,000 个，单价 0.5 元，购入包装箱 5,000 个，单价 3 元，收到增值税专用发票，增值税税率 13%，价税合计 19,775 元，材料到达验收入库，款项尚未支付。

【业务情景 15】产品设计费。202*年 12 月 6 日，由无锡市艺韩文化艺术有限公司设计夹克与西服的款式，收到增值税专用发票，增值税税率 6%，价税合计 127,200 元，款项尚未支付。

【业务情景 16】运动风夹克衫领用材料。202*年 12 月 6 日，夹克车间安排本月运动风夹克衫的生产任务，发料清单如表 4-1 所示。

表 4-1 发料清单

序　号	名　称	单　位	数　量	单价/元	金额/元
1	面料	米	3,760.00	80.00	300,800.00
2	衬布	米	3,760.00	70.00	263,200.00
3	白布	米	320.00	5.00	1,600.00
4	的确良	米	120.00	5.00	600.00
5	线	卷	150.00	10.00	1,500.00
6	纽扣	个	820.00	5.00	4,100.00
合计					571,800.00

【业务情景 17】休闲风夹克衫领用材料。202*年 12 月 7 日，夹克车间安排本月休闲风夹克衫的生产任务，发料清单如表 4-2 所示。

表 4-2 发料清单

序　号	名　称	单　位	数　量	单价/元	金额/元
1	面料	米	3,558.00	80.00	284,640.00
2	衬布	米	3,558.00	70.00	249,060.00
3	白布	米	376.00	5.00	1,880.00
4	的确良	米	157.00	5.00	785.00
5	线	卷	150.00	10.00	1,500.00
6	纽扣	个	917.00	5.00	4,585.00
合计					542,450.00

【业务情景 18】复古风夹克衫领用材料。202*年 12 月 8 日，夹克车间安排本月复古风夹克衫的生产任务，发料清单如表 4-3 所示。

表 4-3 发料清单

序　号	名　称	单　位	数　量	单价/元	金额/元
1	面料	米	3,680.00	80.00	294,400.00
2	衬布	米	3,680.00	70.00	257,600.00
3	白布	米	180.00	5.00	900.00
4	的确良	米	90.00	5.00	450.00
5	线	卷	50.00	10.00	500.00
6	纽扣	个	942.00	5.00	4,710.00
合计					558,560.00

【业务情景 19】西服领用原料。202*年 12 月 8 日，西服车间安排本月西服的生产任务，发料清单如表 4-4 所示。

表 4-4　发料清单

序　　号	名　　称	单　　位	数　　量	单价/元	金额/元
1	面料	米	1,980.00	80.00	158,400.00
2	衬布	米	1,980.00	70.00	138,600.00
3	白布	米	180.00	5.00	900.00
4	的确良	米	80.00	5.00	400.00
5	线	卷	80.00	10.00	800.00
6	纽扣	个	520.00	5.00	2,600.00
合计					301,700.00

【业务情景 20】燕尾服领用原料。202*年 12 月 8 日，西服车间安排本月燕尾服的生产任务，发料清单如表 4-5 所示。

表 4-5　发料清单

序　　号	名　　称	单　　位	数　　量	单价/元	金额/元
1	面料	米	1,865.00	80.00	149,200.00
2	衬布	米	1,865.00	70.00	130,550.00
3	白布	米	90.00	5.00	450.00
4	的确良	米	40.00	5.00	200.00
5	线	卷	40.00	10.00	400.00
6	纽扣	个	260.00	5.00	1,300.00
合计					282,100.00

【业务情景 21】领用包装材料。202*年 12 月 8 日，因销售的需要领用：塑料袋 3,000 个，单价 0.5 元；包装箱 3,000 个，单价 3 元。

【业务情景 22】向无锡敬益采购物料。202*年 12 月 8 日，向无锡市敬益新材料有限公司（简称无锡敬益）购置车间用固化剂，收到增值税专用发票，增值税税率 13%，价税合计 2,260 元，款项尚未支付。

【业务情景 23】房租租赁。202*年 12 月 9 日，收到无锡市山水城市服务有限公司开具的 12 月份厂房租金的增值税专用发票，增值税税率 9%，价税合计 21,800 元，款项尚未支付。（本案例根据管理部门与车间实际使用面积 1 : 3 比例分摊，其中管理部门分摊 5,000 元，车间分摊 15,000 元）。

【业务情景 24】向无锡宏日采购配件。202*年 12 月 10 日，本月从无锡市宏日机电设备有限公司（简称无锡宏日）购入机器配件，不入仓库，直接用于修理机器设备，收到增值税专用发票，增值税税率 13%，价税合计 5,650 元，款项尚未支付。

【业务情景 25】缴纳社保。202*年 12 月 12 日，接到银行的扣费通知，缴纳本月社保费共 106,938.84 元。其中：公司承担部分 73,737.84 元，个人承担部分 33,201 元。款项从银行中扣缴，公司帮员工个人缴纳部分将在工资发放时扣除。

【业务情景 26】申请签发银行本票。202*年 12 月 12 日，向中国建设银行申请签发银行本票一张，金额为25,000元，拟交给采购员王峰，支付无锡市兴泰纽扣制品有限公司货款。

【业务情景27】支付和和美美货款。202*年12月13日，经采购部申请，通过银行转账，支付无锡市和和美美纺织品有限公司货款2,542,500元。

【业务情景28】支付无锡兴泰货款。202*年12月13日，经采购部申请，用银行本票25,000元支付无锡市兴泰纽扣制品有限公司货款，多出的金额2,400元暂作“其他应收款-无锡市兴泰纽扣制品有限公司”处理。

【业务情景29】支付无锡腾达货款。202*年12月13日，经采购部申请，通过银行转账，支付无锡腾达货款19,775元。

【业务情景30】支付无锡艺韩设计费。202*年12月14日，经采购部申请，通过银行转账，支付无锡市艺韩文化艺术有限公司（简称无锡艺韩）款项127,200元。

【业务情景31】工程完工达到预定可使用状态。202*年12月15日，生产装备线2号完工，经验收达到预定可使用状态并交付车间使用，结转工程成本465,000元。

【业务情景32】罚款收入。202*年12月15日，收到现金300元，系仓库保管员李元明交来的罚款。

【业务情景33】短期借款。202*年12月15日，中国建设银行无锡荣巷支行一年期的短期借款500,000元已到账，借款年利率7%。

【业务情景34】采购材料（货到票未到）。202*年12月15日，从无锡市和和美美纺织品有限公司购入面料2,000米，单价80元，材料到达，已验收入库，款项尚未支付，发票尚未开具。

【业务情景35】发放工资。202*年12月15日，财务部通过银行转账发放11月份工资61,376.48元，并从工资中扣除个人应承担的个人所得税209.72元，由公司代缴。

【业务情景36】扣缴个税。202*年12月15日，接到银行扣款通知，扣缴个人所得税209.72元。

【业务情景37】直播间装修费。202*年12月17日，收到无锡市东盛日易装饰有限公司开具的增值税专用发票，增值税税率9%，价税合计39,240元，款项尚未支付。该装修费是由于装修直播间发生的，按照厂房租赁合同3年进行摊销。

【业务情景38】缴纳公积金。202*年12月20日，接到银行的扣费通知，缴纳本月公积金共50,592元。其中：公司承担部分25,296元，个人承担部分25,296元。款项从银行中扣缴，公司帮员工个人缴纳部分将在工资发放时扣除。

【业务情景39】采购材料（票到货未到）。202*年12月20日，从无锡市兴泰纽扣制品有限公司购入纽扣1,000个，单价5元，收到增值税专用发票，增值税税率13%，价税合计5,650元，款项尚未支付，材料尚未到达。

【业务情景40】委托加工物资。202*年12月22日，委托无锡市腾越服装厂加工面料，发出委外加工面料2,000米，单价80元。另结算加工费，收到增值税专用发票，增值税税率13%，价税合计20,000元。款项尚未支付。

【业务情景41】向华川实业赊销商品。202*年12月23日，售给无锡市华川实业有限公司（简称华川实业）运动风夹克衫，3,000件，单价330元，开具增值税专用发票，增值税税率13%，价税合计1,118,700元，产品发出，款项尚未收取。

【业务情景 42】向毕胜商贸赊销商品。202*年 12 月 25 日，售给无锡市毕胜商贸有限公司（简称毕胜商贸）休闲风夹克衫，3,000 件，单价 330 元；复古风夹克衫，1,400 件，单价 350 元。开具增值税专用发票，增值税税率 13%，价税合计 1,672,400 元，产品发出，款项尚未收取。

【业务情景 43】向无锡盛业赊销商品。202*年 12 月 26 日，售给无锡市盛业贸易有限公司（简称无锡盛业）燕尾服 3,000 件，单价 600 元，开具增值税专用发票，增值税税率 13%，价税合计 2,034,000 元，产品发出，款项尚未收取。

【业务情景 44】销售折让。202*年 12 月 26 日，无锡市华川实业有限公司发来函电，其购买的部分运动风夹克衫出现产品质量与合同要求质量不符情况，提出给予价款 1%折让，公司同意给予折让并开出红字专用发票，增值税税率 13%，价税合计（负数）11,187 元。

【业务情景 45】绿植租赁费。202*年 12 月 26 日，收到无锡市木林森园艺有限公司开具的绿植租赁增值税专用发票，增值税税率 3%，价税合计 2,700 元，款项尚未支付。

【业务情景 46】报销差旅费。202*年 12 月 27 日，销售部报销差旅费。其中：往返北京火车票 1,070 元（可按 9%计算抵扣进项税额）；住宿收到增值税专用发票，增值税税率 6%，价税合计 720 元；餐费收到增值税普通发票 400 元。超出请款部分 190 元，已完成审批流程，出纳现金付讫。

【业务情景 47】运输费。202*年 12 月 28 日，收到无锡市吉源运输有限公司开具的增值税专用发票，增值税税率 9%，价税合计 11,990 元，款项尚未支付。

【业务情景 48】报销快递费。202*年 12 月 29 日，行政部报销本月快递费，收到增值税专用发票，增值税税率 6%，价税合计 2,332 元，出纳现金付讫。

【业务情景 49】扣缴水电费。202*年 12 月 31 日，财务部收到银行的扣款通知，扣缴本月电费 3,616 元，收到增值税专用发票，增值税税率 13%，其中管理用电 800 元，车间用电 2,400 元；扣缴本月水费 1,236 元，收到增值税专用发票，增值税税率 3%，其中管理用水 300 元，车间用水 900 元。

【业务情景 50】交易性金融资产后续计量。202*年 12 月 31 日，无锡市飞天鹅股份有限公司股票的公允价值为 1,150,000 元。不考虑其他因素，交易性金融资产采用公允价值进行后续计量，确认公允价值变动损益 22,000 元。

【业务情景 51】网银手续费。202*年 12 月 31 日，接到银行扣款通知，扣缴网银手续费 58 元。

【业务情景 52】计提本月工资。202*年 12 月 31 日，计提本月员工工资 316,200 元。

【业务情景 53】计提本月社保。202*年 12 月 31 日，计提本月员工社保费 73,737.84 元。

【业务情景 54】计提本月公积金。202*年 12 月 31 日，计提本月员工公积金 25,296 元。

【业务情景 55】计提本月折旧。202*年 12 月 31 日，计提本月固定资产的折旧费用 11,001.8 元。

【业务情景 56】摊销无形资产。202*年 12 月 31 日，计提本月无形资产的摊销费用 1,000 元。

【业务情景 57】摊销直播间装修费。202*年 12 月 31 日，计提本月直播间装修的摊销费用 1,000 元。

【业务情景 58】分摊本月制造费用。202*年 12 月 31 日，分摊本月制造费用（按直接人工分配，分配率保留 6 位小数，尾差归集至燕尾服）。

【业务情景 59】计算并结转本月完工产品。202*年 12 月 31 日，计算并结转本月完工产品成本。其中：运动风夹克衫全部完工（本月完成 30 批次，每批产量 100 件）；休闲风夹克衫全部完工（本月完成 30 批次，每批产量 100 件）；复古风夹克衫完成率约 50%（本月已完成 14 批次，每批产量 100 件）；西服全部未完工；燕尾服全部完工（本月完成 30 批次，每批产量 100 件）。

【业务情景 60】现金折扣。202*年 12 月 31 日，收到无锡市毕胜商贸有限公司货款 1,638,952 元。销售合同约定的信用条件为（2/10，N/30），可享受 2%的折扣为 33,448 元。

【业务情景 61】被投资单位实现净利润。202*年 12 月 31 日，无锡市海棠制衣股份有限公司本年实现净利润 1,000,000 元。

【业务情景 62】工会经费。202*年 12 月 31 日，银行扣款工会经费，金额 1,231.72 元。

【业务情景 63】材料盘亏批准前。202*年 12 月 31 日，月末进行存货盘点。经盘点，材料仓的线盘亏 5 卷，单价 10 元，总价 50 元；纽扣盘亏 35 个，单价 5 元，总价 175 元。原因尚未查明。

【业务情景 64】材料盘亏批准后。202*年 12 月 31 日，经财务部与仓库共同核实，材料仓的线盘亏 5 卷、纽扣盘亏 35 个是由于收发计量错误导致，经批准作管理费用处理。

【业务情景 65】利息收入。202*年 12 月 31 日，收到银行季度利息收入 127.18 元。

【业务情景 66】计提短期借款利息。202*年 12 月 31 日，计提短期借款利息 1,458.33 元（借款本金 500,000 元，借款年利率 7%）。

【业务情景 67】结转销售成本。202*年 12 月 31 日，结转本月已售产品的销售成本 1,991,286.46 元。

【业务情景 68】计算并结转增值税。202*年 12 月 31 日，计算并结转本月增值税额 7,804.38 元，并将本年发生的销项税额 55,3813 元、进项税额 546,008.62 元，分别结转至“应交税费——应交增值税（转出未缴增值税）”。

【业务情景 69】计提城市建设维护税及教育费附加。202*年 12 月 31 日，计算本月应缴纳的城市建设维护税 546.31 元、教育费附加 234.13 元、地方教育费附加 156.09 元。

【业务情景 70】结转损益。202*年 12 月 31 日，将各项收益及成本费用结转至“本年利润”账户。

【业务情景 71】计提并结转企业所得税。202*年 12 月 31 日，计算并结转应缴的企业所得税 574,000.24。

【业务情景 72】提取法定盈余公积。202*年 12 月 31 日，按全年税后利润 1,722,000.73 元的 10%提取法定盈余公积。

【业务情景 73】结转本年利润。202*年 12 月 31 日，结转本年利润。将“本年利润”余额 1,722,000.73 元结转至“利润分配——未分配利润”账户。

【业务情景 74】结转未分配利润。202*年 12 月 31 日，将“利润分配”账户其余明细账户的余额转入“利润分配——未分配利润”账户。

登账

任务一　预备理论知识

会计账簿是连接财务报表与会计凭证的桥梁，起到承上启下的作用。登账是为了提供全面、连续、系统、完整的会计信息，为财务报表提供数据来源，是会计人员必不可少的工作环节。

根据账务处理程序，会计账簿的登账顺序如图 5-1 所示。

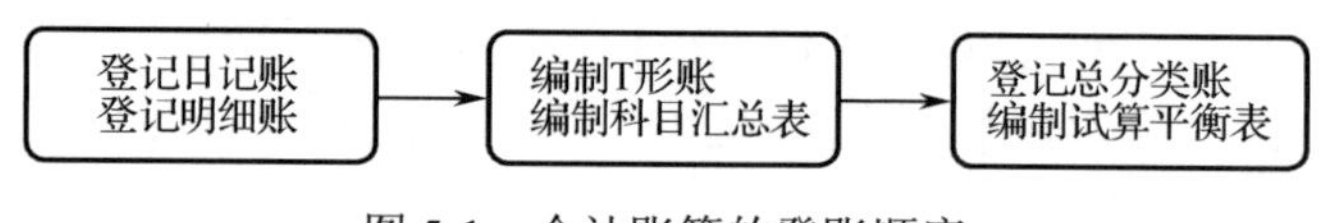

图 5-1　会计账簿的登账顺序

一、日记账

日记账是按照经济业务发生或完成的时间先后顺序逐日逐笔进行登记的账簿。设置日记账是为了使经济业务的时间顺序清晰地反映在账簿记录中。

日记账包括库存现金日记账和银行存款日记账。在实务工作中，日记账是由出纳人员进行登记的。

二、明细账

按明细分类账户登记的账簿叫作明细分类账，简称明细账，是根据总分类账科目所属的明细科目设置的，用于分类登记某一类经济业务或事项，提供有关明细核算资料。

明细分类账按账页格式不同可分为三栏式明细账、多栏式明细账和数量金额式明细账。

1. 三栏式明细账

三栏式明细账的账页设有借方、贷方和余额三个金额栏，不设数量栏。这种格式适用于各种日记账、总分类账及资本、债权、债务明细账的登记，如“应收账款”“应付账款”等。

填写经济业务，按照记账凭证承载的信息分别将记账时间、凭证种类、凭证号数、摘要、金额填列在相应的位置。填列完成后，结算本行余额，计算公式为。

资产、费用类：本行余额=上行余额+本行借方发生额-本行贷方发生额

负债、所有者权益类：本行余额=上行余额-本行借方发生额+本行贷方发生额

2. 多栏式明细账

由于成本费用类科目的明细科目比较繁多，为了集中反映科目的发生情况，一般采用多栏式明细账。这种格式适用于费用、成本、收入和成果的明细核算，如“管理费用”“销售费用”“制造费用”“营业外收入”等科目的明细核算。

多栏式明细账按其专栏方向的不同，可分为单方向和双方向多栏式明细账，单方向在专栏设置时，只设借方或贷方一个方向，双方向多栏式明细账设置包括借方和贷方两个方向的专栏。

（1）单方向多栏式明细账，先按照记账凭证所载信息分别把时间、凭证种类、凭证号数、摘要等填列在相应的位置，然后按记账凭证上的金额分别登记专栏与合计处的金额，最后结出合计处的余额。

（2）双方向多栏式明细账，如“应缴增值税”明细账，它的专栏里既有借方，又有贷方，这时可以直接根据其借贷金额填写到相应的金额栏，其余登记方法与单方向多栏式明细账类似。

3. 数量金额式明细账

数量金额式明细账的借方、贷方和余额三个栏目内都分设数量、单价和金额三个小栏，借以反映财产物资的实物数量和价值。这种格式适用于既需要进行金额核算，又需要进行账物数量核算的各种财产物资的明细核算，如“原材料”“库存商品”“产成品”等科目的明细分类核算。

登记数量金额式明细顺序如下。

首先，将记账凭证中的日期、凭证号数及摘要登记到账簿的“月、日、凭证号数和摘要”栏；

其次，将记账凭证的金额填写到账簿对应方向的金额栏，并根据销售单、入库单或出库单等后附的原始凭证填写数量、单价；

最后，结出余额，根据公式“本行结存=上行结存+本行收入-本行发出”结出结存的数量和金额。为了使数量金额式明细账的金额、数量与凭证一致，单价用金额除以数量倒挤，实际工作中，单价一般保留四位以上小数。

三、T 形账和科目汇总表

T 形账和科目汇总表是登记总分类账的重要依据。在会计期末，会计人员根据当月的记账凭证编制 T 形账后，便可核算出各科目的借、贷方的发生额合计数，再据以编制科目汇总表。

1. T 形账

T 形账是根据记账凭证来登记的简单账户格式，由于格式简单，可以自行绘制。根据

会计科目表中一级会计科目设置 T 形账，然后根据审核无误的记账凭证进行登记。登记时，应按凭证号数进行顺序登记，前一张凭证的所有科目未登记完毕，不得进行后一张凭证的登记。

2. 科目汇总表

科目汇总表的编制方法是根据一定时期内的全部记账凭证，按照会计科目进行归类，定期汇总出每一个账户的借方本期发生额和贷方本期发生额，填写在科目汇总表的相关栏内。科目汇总表只反映各个账户的借方本期发生额和贷方本期发生额，不反映各个账户之间的对应关系。

四、总分类账

总分类账也称总账，是按总分类账户（会计科目）进行分类登记的账簿。总分类账能全面、总括地反映和记录经济业务引起的资金运动和财务收支情况，并为编制会计报表提供数据支持。因此，任何单位都必须设置总分类账。

总分类账的登记依据和方法，主要取决于企业所采用的会计核算形式。它可以根据各种记账凭直接证逐笔登记，也可以先把记账凭证按照一定方式进行汇总，编制成科目汇总表或汇总记账凭证等，再据以登记。

总分类账一般采用订本式账簿形式。总分类账的账页格式，一般采用“借方”“贷方”“余额”三栏式。

五、试算平衡表

试算平衡是指在借贷记账法下，利用借贷发生额和期末余额（期初余额）的平衡原理，检查账户记录是否正确的一种方法。

试算平衡是通过编制试算平衡表进行的。试算平衡表通常是在期末结出各账户的本期发生额合计和期末余额后编制的。试算平衡表可以分为两种，一种是将本期发生额和期末余额分别编制列表；另一种是将本期发生额和期末余额合并在一张表上进行试算平衡。

通过试算平衡表来检查账簿记录是否正确，一般情况下是可行的，但这并不意味着绝对正确。从某种意义上讲，如果借贷不平衡，就可以确定账户的记录或者计算是有错误的，但是如果借贷平衡，我们也不能确定账户记录没有错误，因为有些错误不影响借贷双方的平衡关系。

任务二 实训设计

编制记账凭证并核对无误后，进行登账工作。具体步骤如下。

（1）根据原始凭证、记账凭证逐笔登记现金日记账和银行存款日记账。

（2）根据原始凭证、记账凭证逐笔登记各种明细分类账。

（3）根据原始凭证、记账凭证逐笔登记 T 形账，然后编制科目汇总表。

（4）根据科目汇总表登记总分类账。

（5）期末，将现金日记账、银行存款日记账和明细分类账的余额同有关总分类账的余额核对，检查是否相符。

（6）根据总分类账编制试算平衡表。

对账和结账

任务一　预备理论知识

一、对账

对账是指核对账目，对账簿和账户所记录的有关数据加以检查和核对，从而保证会计记录真实可靠、正确无误。会计人员按照各种账簿记录情况的不同，分别进行经常和定期的对账。核对账目是保证账簿记录正确性的一项重要工作，对账的内容一般包括账证核对、账账核对和账实核对。如果在对账过程中发现错账，要及时更正错误。

二、结账

核对相关账簿后，应对所有账簿进行结账。结账是会计期末对账簿记录所做的结束工作，是指在将一定时期内所发生的经济业务全部登记入账的基础上，计算出各种账簿记录的本期发生额和期末余额的过程。按期做好结账工作，一方面可以为编制会计报表做好准备，保证会计报表的及时编制和报出，另一方面可以对这一会计期间的会计核算工作进行总结和检验，以提高会计核算工作的质量。

结账的内容通常包括两个方面：一是结清各种损益类账户，据以计算确定本期利润；二是结出各资产、负债和所有者权益账户的本期发生额合计和期末余额。

（1）对不需按月结计本期发生额的账户，如各项应收、应付款明细账和各项财产物资明细账等，每次记账以后，都要随时结出余额，每月最后一笔余额是月末余额。月末结账时，只需要在最后一笔经济业务记录下面通栏画单红线，不需要再次结计余额。

（2）库存现金、银行存款日记账和需要按月结计发生额的收入、费用等明细账，每月结账时，要在最后一笔经济业务记录下面通栏画单红线，结出本月发生额和余额，在摘要栏内注明“本月合计”字样，并在下面通栏画单红线。

（3）对于需要结计本年累计发生额的明细账户，每月结账时，应在“本月合计”行下结出自年初起至本月末止的累计发生额，登记在月份发生额下面，在摘要栏内注明“本年累计”字样，并在下面通栏画单红线。12 月末的“本年累计”就是全年累计发生额，全年累计发生额下面通栏画双红线。

（4）总分类账账户平时只需结出月末余额。年终结账时，为总括反映全年各项资金运动情况的全貌，核对账目要将所有总分类账账户结出全年发生额和年末余额，在摘要栏内注明“本年合计”字样，并在合计数下面通栏画双红线。

（5）年度终了结账时，有余额的账户，应将其余额结转下年，并在摘要栏注明“结转下年”字样；在下一会计年度新建有关账户的第一行余额栏内填写上年结转的余额，并在摘要栏注明“上年结转”字样，使年末有余额账户的余额如实地在账户中加以反映，以免混淆有余额的账户和无余额的账户。

任务二　实训设计

在登账完成以后，应对所有账簿进行对账和结账工作。

（1）进行对账，做好账证核对（明细账和记账凭证及原始凭证核对、T 形账和记账凭证核对）、账账核对（明细账和总分类账核对、日记账和总分类账核对）。如果发现错误，及时进行更正。由于条件所限，本实训中不进行账实核对。

（2）核对完成后，对所有账簿进行结账。本实训中，主要进行月结和年结操作。

编制报表

任务一　预备理论知识

一、财务报表的概述

会计数据处理的最终结果呈现于财务报表上。为了能够全面反映企业财务状况和经营成果，这就需要在登记会计账簿的基础上，编制财务报表。财务报表是会计核算工作的结果，也是财务部门提供财务信息资料的重要手段。会计人员必须掌握会计报表的所有内容，并能独立完成财务报表的编制工作。

财务报表，是对企业财务状况、经营成果和现金流量的结构性表述。一套完整的财务报表至少应当包括资产负债表、利润表、现金流量表、所有者权益（或股东权益）变动表及附注。其中，资产负债表、利润表、现金流量表是最重要的三大报表。

二、资产负债表

资产负债表是反映企业在某一特定日期的财务状况的会计报表。它是根据“资产=负债+所有者权益”这一会计等式，按照一定的分类标准和顺序，将企业在一定日期的全部资产、负债和所有者权益项目进行适当分类、汇总、排列后编制而成的。由于报表中的数据体现的是特定日期的财务状况，因此，资产负债表属于静态报表。

三、利润表

利润表又称损益表，是反映企业在一定会计期间经营成果的报表。利润表是根据“收入-费用=利润”这一会计等式，按照一定的顺序，将企业在某会计期间所形成的收入、成本、费用和利润的实现情况进行汇总和计算后形成的。由于利润表数据说明的是企业在某一会计期间的情况，因此，利润表属于动态报表。

四、现金流量表

现金流量表，是反映企业在一定会计期间内现金及现金等价物流入与流出情况的财务报表，属于企业三大核心财务报表之一。它以收付实现制为基础，通过展示经营、投资和筹资活动对现金的影响，揭示企业短期生存能力和财务管理效率。

任务二　实训设计

本模拟企业编制的报表主要包括资产负债表和利润表。根据本期总分类账、明细分类账、本期发生额数据编制报表。

（1）编制资产负债表。本实训中，资产负债表按月编制。

（2）编制利润表。本实训中，利润表按月编制。

（3）编制完成后，请其他人进行审核并签字。

纳税申报

任务一　预备理论知识

一、增值税及附加税申报

1. 增值税

增值税是对销售商品或者劳务过程中实现的增值额征收的一种税。增值税是我国现阶段税收收入规模最大的税种。

一般纳税人应纳增值税计算公式：

当期应纳增值税额=当期销项税额-当期准予扣除的进项税额

=不含税销售额×适用增值税税率-当期进项税额-上期留抵

不含税销售额=含税销售额÷（1 +适用增值税税率）

销项税额=不含税销售额×适用增值税税率

销项税额是指纳税人发生应税销售行为，按照销售额和规定的税率计算并向购买方收取的增值税额。

进项税额是指纳税人购进货物、劳务、服务、无形资产或者不动产，支付或者负担的增值税税额。

2. 附加税费

附加税费是以纳税人实际缴纳的增值税额为计税依据计算缴纳的。通常包括城市维护建设税、教育费附加、地方教育附加等。

计算公式：

当期应纳的城市维护建设税=（当期实际申报的增值税+当期实际申报的消费税）×对应的城市维护建设税税率

当期应纳的教育费附加=（当期实际申报的增值税+当期实际申报的消费税）×3%

当期应纳的地方教育附加 =（当期实际申报的增值税+当期实际申报的消费税）× 2%

3. 填表流程

一般纳税人增值税纳税申报表包括 1 张主表、5 张附表、1 张减免税统计表。一般纳税人增值税及附加税费填报顺序如图 8-1 所示。

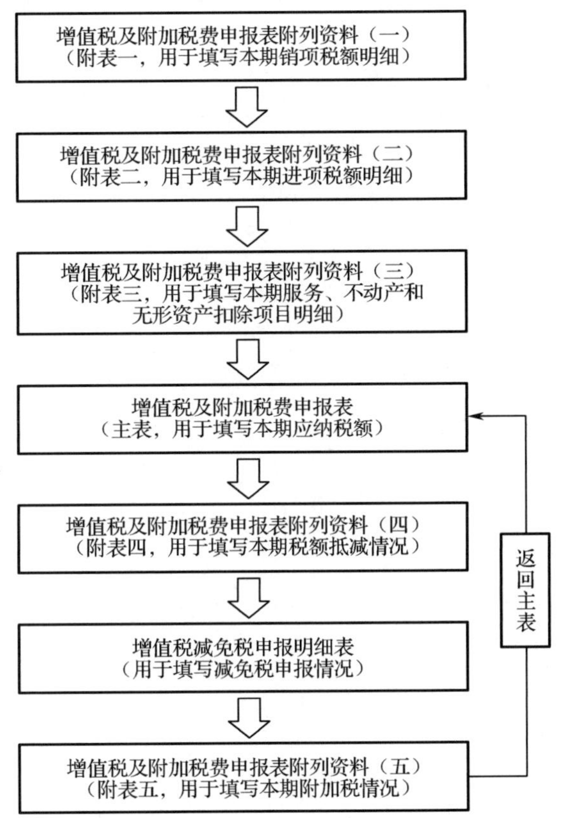

图 8-1 一般纳税人增值税及附加税费填报顺序

二、企业所得税（季报）申报

企业所得税是对我国境内的企业和其他取得收入的组织生产经营所得和其他所得征收的一种税。

计算公式：

应纳税额=应纳税所得额×适用税率−减免税额−抵免税额

企业所得税的缴纳方式为月度（或季度）预缴，年终汇算清缴。月度（或季度）预缴，应当自月份或者季度终了之日起十五日内，向税务机关报送预缴企业所得税纳税申报表，预缴税款。

年终汇算清缴，应当自年度终了之日起五个月内，向税务机关报送年度企业所得税纳税申报表，并进行汇算清缴，结清应缴应退的税款。

任务二　实训设计

本实训中，模拟企业 12 月账务处理完成后，根据财务数据进行相关的税务填报。

（1）填报增值税及附加税。

（2）填报企业所得税（季度）。

装订

任务一　预备理论知识

一、会计资料归档范围

（1）会计凭证：原始凭证、记账凭证。

（2）会计账簿：总分类账、明细账、日记账、固定资产卡片及其他辅助性账簿。

（3）财务会计报告：月度、季度、半年度、年度财务会计报告。

（4）其他会计资料：银行存款余额调节表、银行对账单、纳税申报表、会计档案移交清册、会计档案保管清册、会计档案销毁清册、会计档案鉴定意见书及其他具有保存价值的会计资料。

二、会计资料归档要求

（1）按月整理归档会计凭证，应将各种记账凭证按时间和原始凭证号数顺序装订成册，做到装订整齐、结实、规范和美观，要填写好凭证封面和脊背，注明单位名称，注明年、月、日和起止时间，凭证种类，起止号码，并在封面加盖财务主管和装订人的名章。

（2）在会计年度终了对会计账簿装订成册并进行整理归档。检查账簿科目目录表、页码，账簿封面要写明单位、年度和账簿名称。

（3）按年归档会计报表。对会计报表归档时要区分不同报表的保管期限。年度报表要与季度、月度报表分别组卷。

三、会计档案的保管、移交、借阅和销毁

（1）按照归档范围和归档要求设立会计档案室，并指定专人负责保管，负责定期将应当归档的会计资料整理立卷，编制会计档案保管清册。

（2）在办理会计档案移交时，应当编制会计档案移交清册，并按照国家档案管理的有关规定办理移交手续。

（3）在进行会计档案查阅、复制、借出时，履行登记手续，严禁篡改和损坏。

（4）会计档案一般不得对外借出。确因工作需要且根据国家有关规定必须借出的，应当严格按照规定办理相关手续。

（5）会计档案的保管期限分为永久、定期两类，定期保管期限一般分为10年和30年。

（6）单位负责人、档案管理人、财务负责人在会计档案销毁清册上签署意见。

（7）档案管理人组织会计档案销毁工作，并与财务部门共同派员监销。监销人在会计档案销毁前，应当按照会计档案销毁清册所列内容进行清点核对；在会计档案销毁后，应当在会计档案销毁清册上签名或盖章。

（8）电子会计档案的销毁还应当符合国家有关电子档案的规定，由档案管理人、财务负责人共同监销。

四、会计档案保管期限表

会计档案详细保管期限如表8-1所示。

表8-1　会计档案保管期限

序　号	档案名称	保管期限/年	备　注
一、会计凭证			
1	原始凭证	30年	
2	记账凭证	30年	
二、会计账簿			
1	总分类账	30年	
2	明细账	30年	
3	日记账	30年	
4	固定资产卡片		固定资产报废清理后保管5年
5	其他辅助性账簿	30年	
三、财务会计报告			
1	月度、季度、半年度财务会计报告	10年	
2	年度财务会计报告	永久	
四、其他会计资料			
1	纳税申报表	10年	
2	银行存款余额调节表	10年	
3	银行对账单	10年	
4	会计档案移交清册	30年	
5	会计档案保管清册	永久	
6	会计档案销毁清册	永久	
7	会计档案鉴定意见书	永久	

任务二　实训设计

本实训中，请将模拟企业11月、12月账务处理完成后的相关资料按月分别进行装订。具体需装订的内容及步骤如下。

（1）整理装订会计凭证，填写封面并存档保管。将记账凭证按月份分别进行整理装订，每本记账凭证的最前面附上根据该本记账凭证所编制的科目汇总表。

（2）整理装订会计账簿，填写封面并存档保管。

① 将总分类账和明细分类账（三栏式、多栏式、数量金额式）登记好的账页按科目名称整理在一起。写好封皮和封底（包括目录的科目名称），按目录写好编号，再对总分类账所属明细账编写分号及起始页码。

② 将整理好的总分类账、明细分类账，分别用封面和封底加具到账簿的前后，并用装订线穿在一起并打结。填写好封面，加盖印章。

（3）整理装订会计报表，填写封面并存档保管。将编制完成的会计报表撕下并整理在一起，分别用封面和封底加具到报表的前后，用订书机订牢。填写好封面，加盖印章。

（4）会计档案的归档。装订人员在装订线封口处签名并盖章，然后归档并存入会计档案室。

附录A

11月业务凭证资料

【凭证1-1】

中国建设银行 China Construction Bank　　**中国建设银行单位客户专用回单**

币别：人民币　　202*年11月15日　　流水号:32061513526FPZ430J01

付款人	全　称	郑高彦	收款人	全　称	无锡太湖服装有限公司
	账　号	3200167390261925		账　号	3200375389722088
	开户行	中国建设银行无锡荣巷支行		开户行	中国建设银行无锡荣巷支行
金　额		(大写)人民币壹仟万元整			(小写)¥10,000,000.00
凭证种类		电汇转账凭证	凭证号码		101472043692
结算方式		转账	用　途		投资款

教学专用　中国建设银行 电子回单 专用章

(借方回单)　(付款人回单)

本回单可通过网点自助设备或建行网站校验真伪

打印时间：202*-11-15　　交易柜员:99999999　　交易机构：320000801

【凭证2-1】

单位结算卡业务凭证

币别:人民币　　202*年11月20日　　流水号：3206021450PLKJUIO

付款人	全　称	无锡太湖服装有限公司	收款人	全　称	
	账　号	3200375389722088		账　号	
	开户行	中国建设银行无锡荣巷支行		开户行	
金　额		(大写)人民币壹万元整			(小写)¥10,000.00
结算方式		取款	用　途		备用金
凭证种类			支付密码		
签字：		張燕	备注：		组件流水号:3206151390856962222

中国建设银行股份有限公司 无锡荣巷支行 银行签章 业务专用章 734176MYVWWS

用户填写：请在相应业务种类前打"√"

☐现金存入：账(卡)号＿＿＿＿　☐卡内转账：付款账户☐序号☐ 账(卡)号＿＿＿＿

☐转账、汇兑：收款人全称＿＿＿＿　付款账户全称＿＿＿＿

收款人账(卡)号＿＿＿＿　付款账户☐序号☐账(卡)号＿＿＿＿

收款人开户银行＿＿＿＿　收款账户全称＿＿＿＿

金额(大写)＿＿＿＿　(小写)＿＿＿＿　用途：＿＿＿＿

教学专用

贷方回单

主管：　　授权：320001450　　复核：　　经办：陈婷

【凭证 2-2】

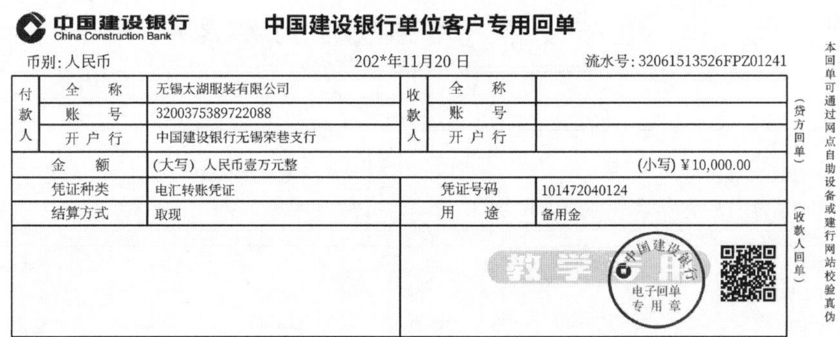

中国建设银行 China Construction Bank 中国建设银行单位客户专用回单

币别：人民币 202*年11月20日 流水号：32061513526FPZ01241

付款人			收款人		
	全称	无锡太湖服装有限公司		全称	
	账号	3200375389722088		账号	
	开户行	中国建设银行无锡荣巷支行		开户行	
金额		(大写) 人民币壹万元整			(小写) ¥10,000.00
凭证种类		电汇转账凭证	凭证号码		101472040124
结算方式		取现	用途		备用金

中国建设银行 电子回单专用章

打印时间：202*-11-20 交易柜员：99999999 交易机构：320000801

本回单可通过网点自助设备或建行网站校验真伪（贷方回单）（收款人回单）

【凭证 3-1】

电子发票（增值税专用发票） 发票号码：32001911318821358090

开票日期：202*年11月20日

购买方信息	名称：无锡太湖服装有限公司 统一社会信用代码/纳税人识别号：913202112345166888	销售方信息	名称：无锡市易道会计师事务有限公司 统一社会信用代码/纳税人识别号：913200180953678000

项目名称	规格型号	单位	数量	单价	金额	税率/征收率	税额
*现代服务*代办费			1	2000.00	2000.00	6%	120.00
合计					¥2000.00		¥120.00
价税合计(大写)	贰仟壹佰贰拾圆整				（小写）¥2120.00		

备注：购方开户银行：中国建设银行无锡荣巷支行；银行账号：3200375389722088
销方开户银行：招商银行无锡新区支行；银行账号：36022218326011153

开票人：罗来

【凭证 3-2】

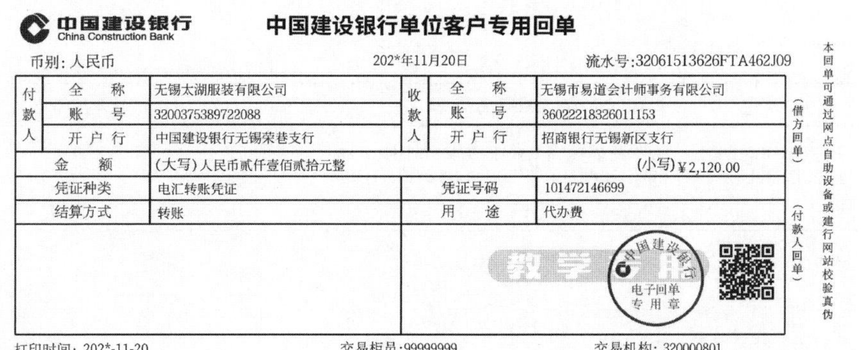

中国建设银行 China Construction Bank 中国建设银行单位客户专用回单

币别：人民币 202*年11月20日 流水号：32061513626FTA462J09

付款人			收款人		
	全称	无锡太湖服装有限公司		全称	无锡市易道会计师事务有限公司
	账号	3200375389722088		账号	36022218326011153
	开户行	中国建设银行无锡荣巷支行		开户行	招商银行无锡新区支行
金额		(大写)人民币贰仟壹佰贰拾元整			(小写)¥2,120.00
凭证种类		电汇转账凭证	凭证号码		101472146699
结算方式		转账	用途		代办费

中国建设银行 电子回单专用章

打印时间：202*-11-20 交易柜员：99999999 交易机构：320000801

本回单可通过网点自助设备或建行网站校验真伪（借方回单）（付款人回单）

【凭证 4-1】

电子发票（增值税专用发票）

发票号码：32001911301089258159

开票日期：202*年 11 月 22 日

购买方信息	名称：无锡太湖服装有限公司 统一社会信用代码/纳税人识别号：913202112345166888	销售方信息	名称：无锡市五星电器有限公司 统一社会信用代码/纳税人识别号：91320251801344180B

项目名称	规格型号	单位	数量	单价	金额	税率/征收率	税额
*房间空气调节器*空调		台	10	3000.00	30000.00	13%	3900.00
*通信设备计算机*电脑		台	20	3000.00	60000.00	13%	7800.00
*木制品*办公桌椅		套	20	500.00	10000.00	13%	1300.00
合计					¥100000.00		¥13000.00
价税合计（大写）	壹拾壹万叁仟圆整				（小写）¥113000.00		

备注：
购方开户银行：中国建设银行无锡荣巷支行；银行账号：3200375389722088
销方开户银行：中国工商银行无锡上马墩支行；银行账号：538038929124303

开票人：张芬花

【凭证 4-2】

电子发票（增值税专用发票）

发票号码：32001922301045252353

开票日期：202*年 11 月 22 日

购买方信息	名称：无锡太湖服装有限公司 统一社会信用代码/纳税人识别号：913202112345166888	销售方信息	名称：无锡市宏达仪器厂 统一社会信用代码/纳税人识别号：913201118013111808

项目名称	规格型号	单位	数量	单价	金额	税率/征收率	税额
*机床*生产装备线1号		辆	2	227500.00	455000.00	13%	59150.00
*机床*电动冲床		辆	3	86500.00	259500.00	13%	33735.00
*机床*异步电动机		辆	3	67500.00	202500.00	13%	26325.00
*工业仪表*电子检测仪		台	3	22900.00	68700.00	13%	8931.00
*气体压缩机*空气压缩机		套	3	28000.00	84000.00	13%	10920.00
合计					¥1069700.00		¥139061.00
价税合计（大写）	壹佰贰拾万捌仟柒佰陆拾壹圆整				（小写）¥1208761.00		

备注：
购方开户银行：中国建设银行无锡荣巷支行；银行账号：3200375389722088
销方开户银行：中国工商银行无锡河埒口支行；银行账号：538031929444876

开票人：王晓

【凭证 4-3】

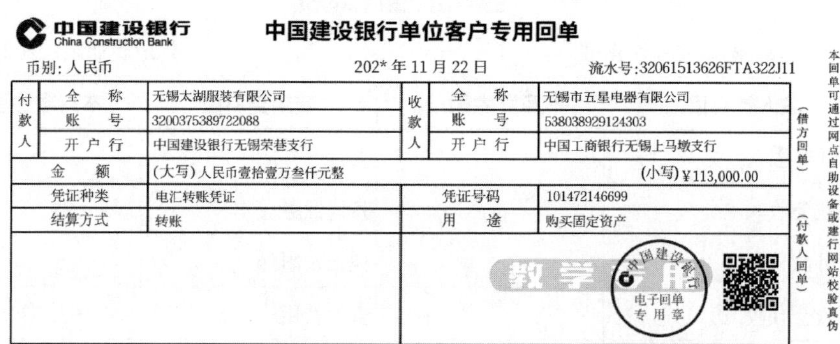

中国建设银行 China Construction Bank　中国建设银行单位客户专用回单

币别：人民币　　202* 年 11 月 22 日　　流水号:32061513626FTA322J11

付款人			收款人		
付款人	全　称	无锡太湖服装有限公司	收款人	全　称	无锡市五星电器有限公司
	账　号	3200375389722088		账　号	538038929124303
	开户行	中国建设银行无锡荣巷支行		开户行	中国工商银行无锡上马墩支行
金　额		(大写)人民币壹拾壹万叁仟元整			(小写)¥113,000.00
凭证种类		电汇转账凭证	凭证号码		101472146699
结算方式		转账	用　途		购买固定资产

教学专用　中国建设银行 电子回单专用章

打印时间：202*-11-22　　交易柜员:99999999　　交易机构：320000801

(借方回单)　(付款人回单)　本回单可通过网点自助设备或建行网站校验真伪

【凭证 4-4】

中国建设银行 China Construction Bank　中国建设银行单位客户专用回单

币别：人民币　　202* 年 11 月 22 日　　流水号:32061513123TBA322J45

付款人			收款人		
付款人	全　称	无锡太湖服装有限公司	收款人	全　称	无锡市宏达仪器厂
	账　号	3200375389722088		账　号	538031929444876
	开户行	中国建设银行无锡荣巷支行		开户行	中国工商银行无锡河埒口支行
金　额		(大写)人民币壹佰贰拾万捌仟柒佰陆拾壹元整			(小写)¥1,208,761.00
凭证种类		电汇转账凭证	凭证号码		101472146699
结算方式		转账	用　途		购买固定资产

教学专用　中国建设银行 电子回单专用章

打印时间：202*-11-22　　交易柜员:99999999　　交易机构：320000801

(借方回单)　(付款人回单)　本回单可通过网点自助设备或建行网站校验真伪

【凭证 5-1】

工资结算汇总表

202*年11月　　单位：元

部门	职位	姓名	应出勤天数	缺勤天数	基本工资	缺勤扣款	应发工资	税前合计	个人所得税	实发金额
总经办	总经理	郑高彦	21.75	10.00	20,000.00	9,195.40	10,804.60	10,804.60	144.14	10,660.46
财务部	会计主管	王晓琳	21.75	10.00	8,500.00	3,908.05	4,591.95	4,591.95	-	4,591.95
	会计	朱红	21.75	10.00	6,000.00	2,758.62	3,241.38	3,241.38	-	3,241.38
	出纳	张燕	21.75	10.00	4,000.00	1,839.08	2,160.92	2,160.92	-	2,160.92
行政部	行政主管	朱波	21.75	10.00	8,000.00	3,678.16	4,321.84	4,321.84	-	4,321.84
	内勤	陈文	21.75	10.00	4,500.00	2,068.97	2,431.03	2,431.03	-	2,431.03
	内勤	王昌强	21.75	10.00	4,000.00	1,839.08	2,160.92	2,160.92	-	2,160.92
仓库部	仓库主管	徐旦波	21.75	10.00	7,500.00	3,448.28	4,051.72	4,051.72	-	4,051.72
	仓管员	李元明	21.75	10.00	4,000.00	1,839.08	2,160.92	2,160.92	-	2,160.92
采购部	采购主管	王峰	21.75	10.00	12,000.00	5,517.24	6,482.76	6,482.76	14.48	6,468.28
	采购员	杨涛	21.75	10.00	6,500.00	2,988.51	3,511.49	3,511.49	-	3,511.49
小计					85,000.00	39,080.47	45,919.53	45,919.53	158.62	45,760.91
销售部	销售主管	王倩	21.75	10.00	15,000.00	6,896.55	8,103.45	8,103.45	51.10	8,052.35
	销售员	李林	21.75	10.00	8,000.00	3,678.16	4,321.84	4,321.84	-	4,321.84
	销售员	王凯	21.75	10.00	6,000.00	2,758.62	3,241.38	3,241.38	-	3,241.38
小计					29,000.00	13,333.33	15,666.67	15,666.67	51.10	15,615.57
合计					114,000.00	52,413.80	61,586.20	61,586.20	209.72	61,376.48

【凭证 6-1】

当期损益计算表

单位：无锡太湖服装有限公司　　　　所属期限：202*年11月

收入类科目	本月发生额/元	费用类科目	本月发生额/元
主营业务收入		主营业务成本	
其他业务收入		其他业务成本	
营业外收入		税金及附加	
投资收益（收入）		管理费用	63, 586. 20
公允价值变动损益（收益）		销售费用	
		财务费用	
		资产减值损失	
		营业外支出	
合计		合计	63, 586. 20

审核人：王晓琳　　　　制表人：朱红

12 月业务凭证资料

【凭证 1-1】

电子发票（增值税专用发票）

发票号码：32001900793235011347

开票日期：202*年12月01日

下载次数：1

购买方信息	名称：无锡太湖服装有限公司 统一社会信用代码/纳税人识别号：913202112345166888	销售方信息	名称：无锡市和和美美纺织品有限公司 统一社会信用代码/纳税人识别号：913200118458617016

项目名称	规格型号	单位	数量	单价	金额	税率/征收率	税额
*纺织产品*面料	100%羊毛	米	15000	80.00	1200000.00	13%	156000.00
*纺织产品*衬布	100%铜氨丝	米	15000	70.00	1050000.00	13%	136500.00
合计					¥2250000.00		¥292500.00
价税合计（大写）	贰佰伍拾肆万贰仟伍佰圆整				（小写）¥2542500.00		
备注	购方开户银行：中国建设银行无锡荣巷支行；银行账号：3200375389722088 销方开户银行：中国建设银行无锡新区支行；银行账号：3200167790263923						

教学专用

开票人：刘红

【凭证 1-2】

材料入库单

NO 39019001

供货单位：无锡市和和美美纺织品有限公司　入库日期：202*-12-01　仓库：无锡仓

材料名称	规格	计量单位	入库数量	检验
面料	100%羊毛	米	15,000	
衬布	100%铜氨丝	米	15,000	

记账联

教学专用

业务员：　库管：徐旦波　检验员：李元明　制单：李元明

【凭证 2-1】

发票号码：32001933204700948591

开票日期：202*年12月01日

下载次数：1

购买方信息	名称：无锡太湖服装有限公司 统一社会信用代码/纳税人识别号：913202112345166888	销售方信息	名称：无锡市星辰文具用品有限公司 统一社会信用代码/纳税人识别号：91320253801274189B

项目名称	规格型号	单位	数量	单价	金额	税率/征收率	税额
*纸制品*A4纸		箱	10	110.00	1100.00	13%	143.00
*文具*文件管理用品		箱	15	260.00	3900.00	13%	507.00
合计					¥5000.00		¥650.00
价税合计（大写）	伍仟陆佰伍拾圆整				（小写）¥5650.00		
备注	购方开户银行：中国建设银行无锡荣巷支行；银行账号：3200375389722088 销方开户银行：中国建设银行无锡经济开发区支行；银行账号：3205016116823689						

开票人：刘向暖

【凭证 2-2】

中国建设银行 China Construction Bank　　中国建设银行单位客户专用回单

币别：人民币　　202*年12月01日　　流水号：32061513626FPZ430J05

付款人	全称	无锡太湖服装有限公司	收款人	全称	无锡市星辰文具用品有限公司
	账号	3200375389722088		账号	3205016116823689
	开户行	中国建设银行无锡荣巷支行		开户行	中国建设银行无锡经济开发区支行
金额		（大写）人民币伍仟陆佰伍拾元整			（小写）¥5,650.00
凭证种类		电汇转账凭证	凭证号码		101472043674
结算方式		转账	用途		采购办公用品

教学专用　中国建设银行 电子回单 专用章

（借方回单）（付款人回单）

本回单可通过网点自助设备或建行网站校验真伪

打印时间：202*-12-01　　交易柜员：99999999　　交易机构：320000801

【凭证 3-1】

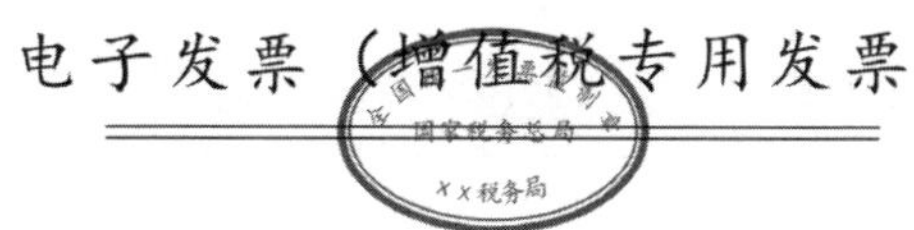

电子发票（增值税专用发票）

发票号码：32001911301103458053

开票日期：202*年12月01日

购买方信息	名称：无锡太湖服装有限公司 统一社会信用代码/纳税人识别号：913202112345166888	销售方信息	名称：无锡市碟友科技有限公司 统一社会信用代码/纳税人识别号：91320283254976851M

项目名称	规格型号	单位	数量	单价	金额	税率/征收率	税额
*软件*财务软件	碟友H5	套	1	120000.00	120000.00	13%	15600.00
合计					¥120000.00		¥15600.00
价税合计（大写）	壹拾叁万伍仟陆佰圆整				（小写）¥135600.00		
备注	购方开户银行：中国建设银行无锡荣巷支行；银行账号：3200375389722088 销方开户银行：中国工商银行无锡新区支行；银行账号：265291248391256						

开票人：张芳

下载次数：1

【凭证 3-2】

中国建设银行 China Construction Bank

中国建设银行单位客户专用回单

币别：人民币　　202*年12月01日　　流水号：32061513626FPZ430J01

付款人	全称	无锡太湖服装有限公司	收款人	全称	无锡市碟友科技有限公司
	账号	3200375389722088		账号	265291248391256
	开户行	中国建设银行无锡荣巷支行		开户行	中国工商银行无锡新区支行
金额		（大写）人民币壹拾叁万伍仟陆佰元整			（小写）¥135,600.00
凭证种类		电汇转账凭证	凭证号码		101472043658
结算方式		转账	用途		采购财务软件

中国建设银行 电子回单 专用章

（借方回单）（付款人回单）

本回单可通过网点自助设备或建行网站校验真伪

打印时间：202*-12-01　　交易柜员：99999999　　交易机构：320000801

【凭证 4-1】

借　　款　　单

202* 年 12 月 02 日填

部门	销售部	借款人	李林
借款事由	预支差旅费		
预计还款/报销日期	现金付讫		¥2,000.00
借款金额	人民币（大写）ⓧ拾 ⓧ万 贰仟 零佰 零拾 零元 零角 零分		
领导审批	郑高彦	借款人签收	李林 202* 年 12 月 02 日

部门主管 王倩　　财务主管 王晓琳　　会计 朱红　　出纳 张燕

【凭证 5-1】

电子发票（增值税专用发票）

发票号码：32001345100235057121

开票日期：202*年12月02日

购买方信息	名称：无锡太湖服装有限公司 统一社会信用代码/纳税人识别号：913202112345166888	销售方信息	名称：无锡市兴泰纽扣制品有限公司 统一社会信用代码/纳税人识别号：91380913246514232T

项目名称	规格型号	单位	数量	单价	金额	税率/征收率	税额
*日用杂品*纽扣	哑光黑色	个	4000	5.00	20000.00	13%	2600.00
合计					¥20000.00		¥2600.00
价税合计（大写）	贰万贰仟陆佰圆整				（小写）¥22600.00		

备注	购方开户银行：中国建设银行无锡荣巷支行；银行账号：3200375389722088 销方开户银行：中国工商银行无锡藕塘支行　；银行账号：265191542360216

开票人：张宏光

【凭证 5-2】

材料入库单 NO 39019002

供货单位：无锡市兴泰纽扣制品有限公司　　入库日期：202*-12-02　　仓库：无锡仓

材料名称	规格	计量单位	入库数量	检验
纽扣	哑光黑色	个	4000	

记账联

教学专用

业务员：　　库管：徐旦波　　检验员：李元明　　制单：李元明

【凭证 6-1】

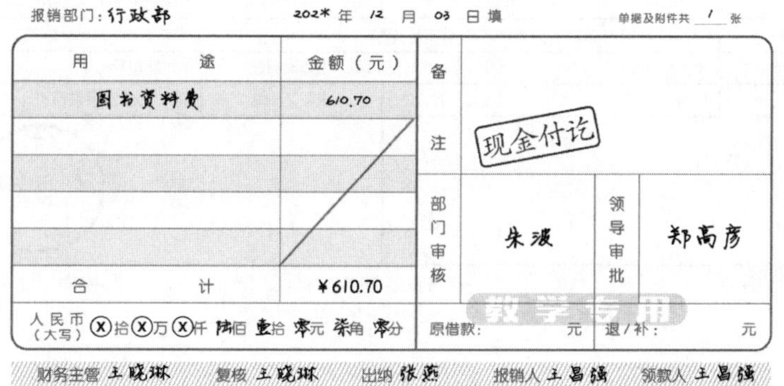

费 用 报 销 单

报销部门：行政部　　202* 年 12 月 03 日 填　　单据及附件共 1 张

用途	金额（元）	备注	
图书资料费	610.70	现金付讫	
		部门审核	朱波
		领导审批	郑高彦
合计	¥610.70		
人民币（大写）ⓧ拾ⓧ万ⓧ仟 陆佰 壹拾 零元 柒角 零分		原借款：　元	退/补：　元

教学专用

财务主管 王晓琳　复核 王晓琳　出纳 张燕　报销人 王昌强　领款人 王昌强

【凭证 6-2】

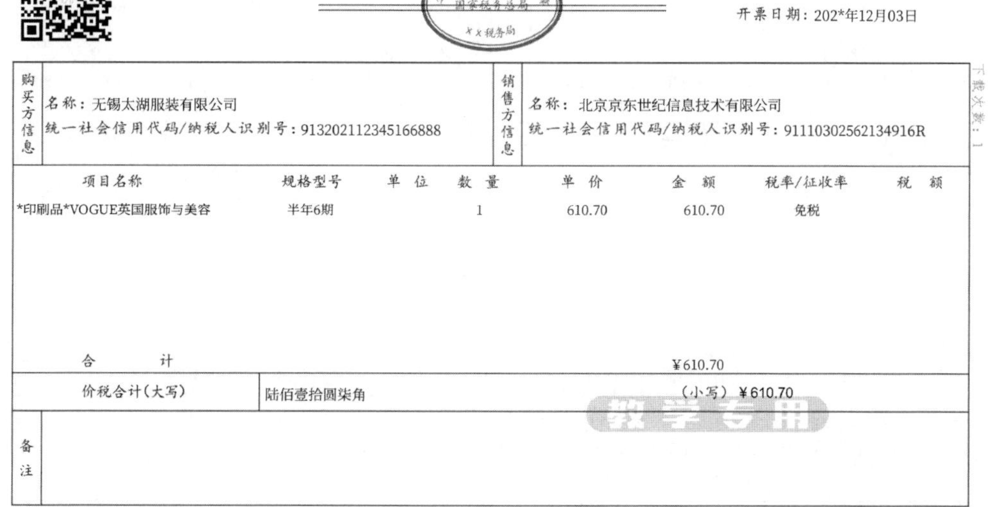

电子发票（普通发票）

发票号码：32000346204700946913

开票日期：202*年12月03日

购买方信息　名称：无锡太湖服装有限公司　统一社会信用代码/纳税人识别号：913202112345166888

销售方信息　名称：北京京东世纪信息技术有限公司　统一社会信用代码/纳税人识别号：91110302562134916R

项目名称	规格型号	单位	数量	单价	金额	税率/征收率	税额
*印刷品*VOGUE英国服饰与美容	半年6期		1	610.70	610.70	免税	
合计					¥610.70		

价税合计（大写）　陆佰壹拾圆柒角　（小写）¥610.70

备注

教学专用

开票人：王梅

【凭证 7-1】

交易性金融资产明细表

单位：无锡太湖服装有限公司　　　　日期：202*年12月3日

股票名称	股票成本/元	已宣告但尚未发放的现金股利/元	交易费用/元
无锡市飞天鹅股份有限公司	1, 128, 000. 00	72, 000. 00	3, 000. 00

审核人：王晓琳　　　　制表人：朱红

【凭证 7-2】

中国建设银行 China Construction Bank　　中国建设银行单位客户专用回单

币别：人民币　　202*年12月03日　　流水号:32061515426FOA430J60

付款人			收款人		
付款人	全　称	无锡太湖服装有限公司	收款人	全　称	无锡太湖服装有限公司
	账　号	3200375389722088		账　号	53000235521620086
	开户行	中国建设银行京州经济开发区支行		开户行	中国农业银行无锡中山路支行
金　额		(大写)人民币壹佰贰拾万叁仟壹佰捌拾元整		(小写)	¥1,203,180.00
凭证种类		电汇转账凭证	凭证号码		101472046993
结算方式		转账	用　途		购入交易性金融资产

(借方回单)(付款人回单)

中国建设银行 电子回单 专用章

本回单可通过网点自助设备或建行网站校验真伪

打印时间：202*-12-03　　交易柜员:99999999　　交易机构：320000801

【凭证 7-3】

电子发票（增值税专用发票）

发票号码：32530331030006723223

开票日期：202*年12月03日

购买方信息	名称：无锡太湖服装有限公司 统一社会信用代码/纳税人识别号：913202112345166888	销售方信息	名称：中国农业银行无锡中山路支行 统一社会信用代码/纳税人识别号：12100000132200581A

项目名称	规格型号	单位	数量	单价	金额	税率/征收率	税额
*金融服务*直接收费金融服务			1	3000.00	3000.00	6%	180.00
合计					¥3000.00		¥180.00
价税合计（大写）	叁仟壹佰捌拾圆整				（小写）¥3180.00		
备注	购方开户银行：中国建设银行无锡荣巷支行；银行账号：3200375389722088 销方开户银行：中国农业银行无锡中山路支行；银行账号：53000235521620086						

下载次数：1

开票人：张雄

【凭证 8-1】

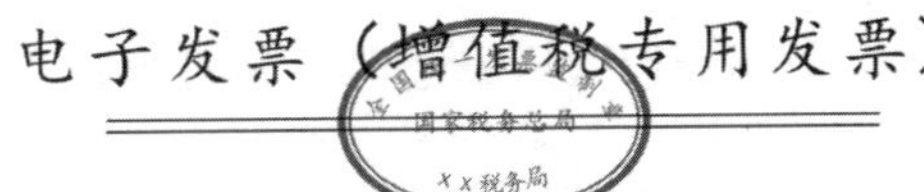

电子发票（增值税专用发票）

发票号码：32001936131235011064

开票日期：202*年12月03日

购买方信息	名称：无锡太湖服装有限公司 统一社会信用代码/纳税人识别号：913202112345166888	销售方信息	名称：无锡市恒达纺织品有限公司 统一社会信用代码/纳税人识别号：913201006098617130

项目名称	规格型号	单位	数量	单价	金额	税率/征收率	税额
*纺织产品*白布	涤纶	米	1200	5.00	6000.00	13%	780.00
*纺织产品*的确良	涤纶	米	600	5.00	3000.00	13%	390.00
合计					¥9000.00		¥1170.00
价税合计（大写）	壹万零壹佰柒拾圆整				（小写）¥10170.00		
备注	购方开户银行：中国建设银行无锡荣巷支行；银行账号：3200375389722088 销方开户银行：中国工商银行无锡河埒口支行；银行账号：538031901297401						

开票人：王莉

【凭证 8-2】

材料入库单

NO 39019003

供货单位：无锡市恒达纺织品有限公司　入库日期：202*-12-03　仓库：无锡仓

材料名称	规格	计量单位	入库数量	检验
白布	涤纶	米	1,200	
的确良	涤纶	米	600	

记账联

业务员：　库管：徐旦波　检验员：李元明　制单：李元明

【凭证 9-1】

长期股权投资明细表

单位：无锡太湖服装有限公司　日期：202*年12月4日

被投资单位		投资成本/元	投资比例	投资核算方法
无锡市海棠制衣股份有限公司		3, 000, 000. 00	30%	权益法
被投资单位账面所有者权益的构成				
实收资本/元	资本公积/元	盈余公积/元	未分配利润/元	所有者权益总额/元
3, 000, 000. 00	2, 400, 000. 00	600, 000. 00	1, 500, 000. 00	7, 500, 000. 00

审核人：王晓琳　制表人：朱红

【凭证 9-2】

中国建设银行 China Construction Bank

中国建设银行单位客户专用回单

币别：人民币　　202*年12月04日　　流水号:32012318926FPA445J01

付款人	全　称	无锡太湖服装有限公司	收款人	全　称	无锡市海棠制衣股份有限公司
	账　号	3200375389722088		账　号	530011138120101760
	开户行	中国建设银行京州经济开发区支行		开户行	中国工商银行无锡五爱路支行
金　额		(大写)人民币叁佰万元整			(小写)¥3,000,000.00
凭证种类		电汇转账凭证	凭证号码		101472049032
结算方式		转账	用　途		取得长期股权投资

中国建设银行 电子回单 专用章

教学专用

(借方回单)(付款人回单)

本回单可通过网点自助设备或建行网站校验真伪

打印时间：202*-12-04　　交易柜员:99999999　　交易机构：320000801

【凭证 10-1】

电子银行承兑汇票

出票日期 贰零贰*年壹拾贰月零肆日　　票据状态　　提示收票待签收

汇票到期日 202*-06-04　　票号　　1 314110018343 20211012 51347997 5

出票人	全　称	无锡太湖服装有限公司		收票人	全　称	无锡市恒达纺织品有限公司
	账　号	3200375389722088			账　号	中国工商银行无锡河埒口支行
	开户银行	中国建设银行无锡荣巷支行			开户银行	538031901297401
出票保证信息		保证人姓名：*** 保证人地址：***				保证日期：***
票据金额		人民币(大写) 壹万零壹佰柒拾元整				¥10,170.00
承兑人信息	全　称	中国建设银行无锡荣巷支行		开户行行号		314110018343
	账　号	36036041247716258466		开户行名称		中国建设银行无锡荣巷支行
交易合同号		C021657012220000425		承兑信息	出票人承诺：本汇票信息请予以承兑，到期无条件付款	
能否转让		可转让			承兑人承诺：本汇票已经承兑，到期无条件付款 承兑日期：202*-06-04	
承兑保证信息		保证人姓名：*** 保证人地址：***				保证日期：***
评级信息（由出票、承兑人自己记载，仅供参考）	出票人	评级主体：		信用等级：		评级到期日：
	承兑人	评级主体：		信用等级：		评级到期日：
备注						

教学专用

【凭证 11-1】

电子发票（增值税专用发票）

发票号码：32001936131201249730

开票日期：202*年12月05日

购买方信息	名称：无锡太湖服装有限公司 统一社会信用代码/纳税人识别号：913202112345166888	销售方信息	名称：无锡市中山贸易有限公司 统一社会信用代码/纳税人识别号：9132000181448617450

项目名称	规格型号	单位	数量	单价	金额	税率/征收率	税额
*纺织产品*线	黑色	卷	800	10.00	8000.00	13%	1040.00
合计					¥8000.00		¥1040.00
价税合计（大写）	玖仟零肆拾圆整				（小写）¥9040.00		
备注	购方开户银行：中国建设银行无锡荣巷支行；银行账号：3200375389722088 销方开户银行：中国农业银行无锡中山路支行；银行账号：53000914521762112						

开票人：李华

【凭证 11-2】

材料入库单

NO 39019004

供货单位：京州市中山贸易有限公司　　入库日期：202*-12-05　　仓库：无锡仓

材料名称	规格	计量单位	入库数量	检验
线	黑色	卷	800	

记账联

业务员：　　库管：徐旦波　　检验员：李元明　　制单：李元明

【凭证 12-1】

电子发票（增值税专用发票）

发票号码：32012369852013201249

开票日期：202*年12月06日

购买方信息	名称：无锡太湖服装有限公司 统一社会信用代码/纳税人识别号：913202112345166888			销售方信息	名称：无锡市迎宾机械厂 统一社会信用代码/纳税人识别号：911024001245732012		
项目名称	规格型号	单位	数量	单价	金额	税率/征收率	税额
*机床*生产装备线2号	A006	辆	1	455000.00	455000.00	13%	59150.00
合计					¥455000.00		¥59150.00
价税合计（大写）	伍拾壹万肆仟壹佰伍拾圆整				（小写）¥514150.00		
备注	购方开户银行：中国建设银行无锡荣巷支行；银行账号：3200375389722088 销方开户银行：中国工商银行无锡钱桥支行；银行账号：532012000021475891						

开票人：王琦

下载次数：1

【凭证 12-2】

电子发票（增值税专用发票）

发票号码：32012369852013201249

开票日期：202*年12月06日

购买方信息	名称：无锡太湖服装有限公司 统一社会信用代码/纳税人识别号：913202112345166888			销售方信息	名称：无锡市迎宾机械厂 统一社会信用代码/纳税人识别号：911024001245732012		
项目名称	规格型号	单位	数量	单价	金额	税率/征收率	税额
*建筑服务*安装服务			1	10000.00	10000.00	6%	600.00
合计					¥10000.00		¥600.00
价税合计（大写）	壹万零陆佰圆整				（小写）¥10600.00		
备注	购方开户银行：中国建设银行无锡荣巷支行；银行账号：3200375389722088 销方开户银行：中国工商银行无锡钱桥支行；银行账号：532012000021475891						

开票人：王琦

下载次数：1

【凭证 13-1】

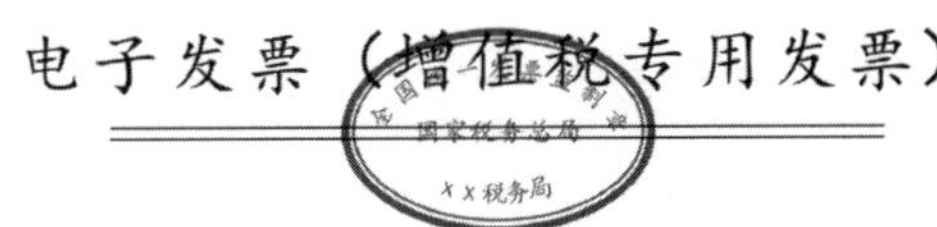

电子发票（增值税专用发票）

发票号码：42001946500353403021

开票日期：202*年12月06日

购买方信息	名称：无锡太湖服装有限公司 统一社会信用代码/纳税人识别号：913202112345166888	销售方信息	名称：百度在线网络技术（上海）有限公司 统一社会信用代码/纳税人识别号：91110302562134916R

项目名称	规格型号	单位	数量	单价	金额	税率/征收率	税额
*信息技术服务*网络推广费			1	3000.00	3000.00	6%	180.00
合计					¥3000.00		¥180.00
价税合计（大写）	叁仟壹佰捌拾圆整				（小写）¥3180.00		
备注	购方开户银行：中国建设银行无锡荣巷支行；银行账号：3200375389722088 销方开户银行：招商银行上海分行曹家渡支行；银行账号：215081392810001						

开票人：张红

下载次数：1

【凭证 13-2】

中国建设银行 China Construction Bank

中国建设银行单位客户专用回单

币别：人民币　　202*年12月06日　　流水号:32061513626FPZ430J06

付款人	全称	无锡太湖服装有限公司	收款人	全称	百度在线网络技术（上海）有限公司
	账号	3200375389722088		账号	215081392810001
	开户行	中国建设银行无锡荣巷支行		开户行	招商银行上海分行曹家渡支行
金额		(大写)人民币叁仟壹佰捌拾元整			(小写)¥3,180.00
凭证种类		电汇转账凭证	凭证号码		101472043679
结算方式		转账	用途		网络推广费

中国建设银行 电子回单专用章

教学专用

打印时间：202*-12-06　　交易柜员:99999999　　交易机构：320000801

（借方回单）（付款人回单）

本回单可通过网点自助设备或建行网站校验真伪

【凭证 14-1】

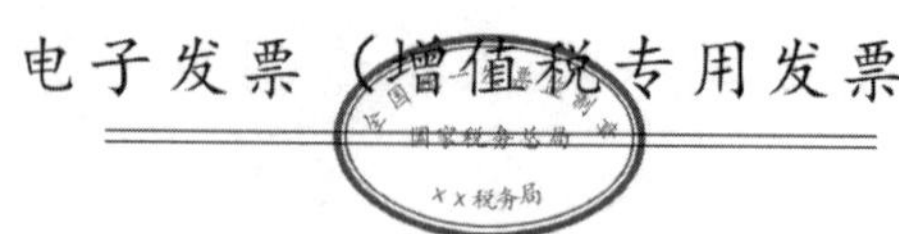

电子发票（增值税专用发票）

发票号码：32001900793235610054

开票日期：202*年12月06日

购买方信息	名称：无锡太湖服装有限公司 统一社会信用代码/纳税人识别号：913202112345166888	销售方信息	名称：无锡市腾达纸箱厂 统一社会信用代码/纳税人识别号：913067506458638921

项目名称	规格型号	单位	数量	单价	金额	税率/征收率	税额
*塑料制品*塑料袋	12丝	个	5000	0.50	2500.00	13%	325.00
*纸制品*包装箱	A型	个	5000	3.00	15000.00	13%	1950.00
合计					¥17500.00		¥2275.00
价税合计（大写）	壹万玖仟柒佰柒拾伍圆整				（小写）¥19775.00		

备注：
购方开户银行：中国建设银行无锡荣巷支行；银行账号：3200375389722088
销方开户银行：中国工商银行无锡中山路支行；银行账号：643007656352

开票人：王亮

下载次数：1

【凭证 14-2】

材料入库单

NO 39019005

供货单位：无锡市腾达纸箱厂　　入库日期：202*-12-06　　仓库：无锡仓

材料名称	规格	计量单位	入库数量	检验
塑料袋	12丝	个	5000	
包装箱	A型	个	5000	

记账联

业务员：　　库管：徐旦波　　检验员：李元明　　制单：李元明

【凭证 15-1】

电子发票（增值税专用发票）

发票号码：32001911307821158093

开票日期：202*年12月06日

购买方信息	名称：无锡太湖服装有限公司 统一社会信用代码/纳税人识别号：913202112345166888	销售方信息	名称：无锡市艺韩文化艺术有限公司 统一社会信用代码/纳税人识别号：91320016095397800T

项目名称	规格型号	单位	数量	单价	金额	税率/征收率	税额
*设计服务*设计服务费		次	1	120000.00	120000.00	6%	7200.00
合计					¥120000.00		¥7200.00
价税合计（大写）	壹拾贰万柒仟贰佰圆整				（小写）¥127200.00		
备注	购方开户银行：中国建设银行无锡荣巷支行；银行账号：3200375389722088 销方开户银行：中国工商银行无锡湖滨路支行；银行账号：538038929364301						

开票人：罗小花

【凭证 16-1】

领料单 No. 30102001

领料部门：夹克车间　领料日期：202*-12-06　仓库：无锡仓

材料名称	规格	计量单位	数量		用途	备注
			请领	实领		
面料	100%羊毛	米	3,760	3,760	运动风夹克衫	
衬布	100%铜氨丝	米	3,760	3,760	运动风夹克衫	
白布	涤纶	米	320	320	运动风夹克衫	
的确良	涤纶	米	120	120	运动风夹克衫	
线	黑色	卷	150	150	运动风夹克衫	
纽扣	哑光黑色	个	820	820	运动风夹克衫	

记账联

库管：徐旦波　发料：李元明　收料：张坚　制单：曹学志

【凭证 17-1】

领料单 No. 30102002

领料部门：夹克车间　领料日期：202*-12-07　仓库：无锡仓

材料名称	规格	计量单位	数量		用途	备注
			请领	实领		
面料	100%羊毛	米	3,558	3,558	休闲风夹克衫	
衬布	100%铜氨丝	米	3,558	3,558	休闲风夹克衫	
白布	涤纶	米	376	376	休闲风夹克衫	
的确良	涤纶	米	157	157	休闲风夹克衫	
线	黑色	卷	150	150	休闲风夹克衫	
纽扣	哑光黑色	个	917	917	休闲风夹克衫	

记账联

库管：徐旦波　发料：李元明　收料：张坚　制单：曹学志

【凭证 18-1】

领 料 单

No. 30102003

领料部门：夹克车间　　领料日期：202*-12-08　　仓库：无锡仓

材料名称	规格	计量单位	数量		用途	备注
			请领	实领		
面料	100%羊毛	米	3,680	3,680	复古风夹克衫	
衬布	100%铜氨丝	米	3,680	3,680	复古风夹克衫	
白布	涤纶	米	180	180	复古风夹克衫	
的确良	涤纶	米	90	90	复古风夹克衫	
线	黑色	卷	50	50	复古风夹克衫	
纽扣	哑光黑色	个	942	942	复古风夹克衫	

记账联

库管：徐旦波　　发料：李元明　　收料：张坚　　制单：曹学志

【凭证 19-1】

领 料 单

No. 30102004

领料部门：西服车间　　领料日期：202*-12-08　　仓库：无锡仓

材料名称	规格	计量单位	数量		用途	备注
			请领	实领		
面料	100%羊毛	米	1,980	1,980	西服	
衬布	100%铜氨丝	米	1,980	1,980	西服	
白布	涤纶	米	180	180	西服	
的确良	涤纶	米	80	80	西服	
线	黑色	卷	80	80	西服	
纽扣	哑光黑色	个	520	520	西服	

记账联

库管：徐旦波　　发料：李元明　　收料：高一雯　　制单：杨代学

【凭证 20-1】

领 料 单

No. 30102005

领料部门：西服车间　　领料日期：202*-12-08　　仓库：无锡仓

材料名称	规格	计量单位	数量		用途	备注
			请领	实领		
面料	100%羊毛	米	1,865	1,865	燕尾服	
衬布	100%铜氨丝	米	1,865	1,865	燕尾服	
白布	涤纶	米	90	90	燕尾服	
的确良	涤纶	米	40	40	燕尾服	
线	黑色	卷	40	40	燕尾服	
纽扣	哑光黑色	个	260	260	燕尾服	

记账联

库管：徐旦波　　发料：李元明　　收料：高一雯　　制单：杨代学

【凭证21-1】

领 料 单

No. 30102006

领料部门：打包车间　　领料日期：202*-12-08　　仓库：无锡仓

材料名称	规格	计量单位	数量		用途	备注
			请领	实领		
塑料袋	12丝	个	3,000	3,000		
包装箱	A型	个	3,000	3,000		

记账联

教学专用

库管：徐旦波　　发料：李元明　　收料：高一雯　　制单：杨代学

【凭证22-1】

电子发票（增值税专用发票）

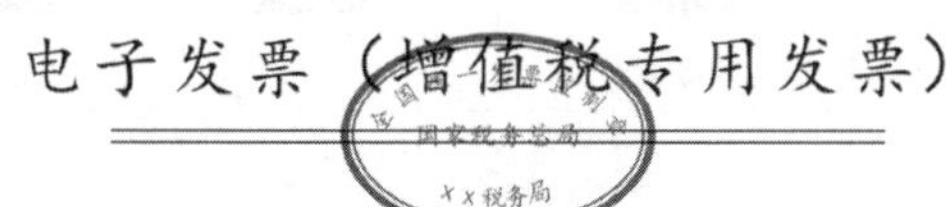

发票号码：32001911353389250911

开票日期：202*年12月08日

购买方信息	名称：无锡太湖服装有限公司 统一社会信用代码/纳税人识别号：913202112345166888	销售方信息	名称：无锡市敏益新材料有限公司 统一社会信用代码/纳税人识别号：91320210892976018T

项目名称	规格型号	单位	数量	单价	金额	税率/征收率	税额
*涂料*固化剂	SAC50	千克	10	200.00	2000.00	13%	260.00
合计					¥2000.00		¥260.00
价税合计（大写）	贰仟贰佰陆拾圆整				（小写）¥2260.00		

备注	购方开户银行：中国建设银行无锡荣巷支行；银行账号：3200375389722088 销方开户银行：中国建设银行无锡经济开发区支行；银行账号：3205016012001024

教学专用

下载次数：1

开票人：李霞

【凭证 23-1】

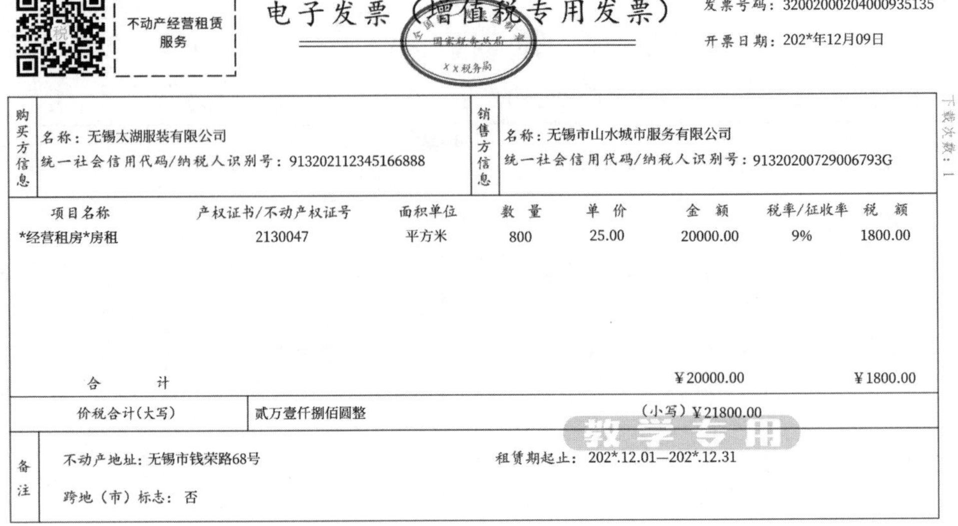

电子发票（增值税专用发票）

不动产经营租赁服务

发票号码：32002000204000935135

开票日期：202*年12月09日

购买方信息	名称：无锡太湖服装有限公司 统一社会信用代码/纳税人识别号：913202112345166888	销售方信息	名称：无锡市山水城市服务有限公司 统一社会信用代码/纳税人识别号：91320200729006793G

项目名称	产权证书/不动产权证号	面积单位	数量	单价	金额	税率/征收率	税额
*经营租房*房租	2130047	平方米	800	25.00	20000.00	9%	1800.00
合计					¥20000.00		¥1800.00
价税合计（大写）	贰万壹仟捌佰圆整				（小写）¥21800.00		

备注：不动产地址：无锡市钱荣路68号　　租赁期起止：202*.12.01—202*.12.31

跨地（市）标志：否

开票人：章一天

下载次数：1

【凭证 23-2】

房租分配表

单位：无锡太湖服装有限公司　　所属期间：202*年12月

使用部门	借方科目	分配比例	分配金额/元
生产车间	制造费用	75%	15,000.00
厂部	管理费用	25%	5,000.00
合计		**100%**	**20,000.00**

【凭证 24-1】

电子发票（增值税专用发票）

发票号码：32001911307821158093

开票日期：202*年12月10日

购买方信息	名称：无锡太湖服装有限公司 统一社会信用代码/纳税人识别号：913202112345166888	销售方信息	名称：无锡市宏日机电设备有限公司 统一社会信用代码/纳税人识别号：91320025154979178Y

项目名称	规格型号	单位	数量	单价	金额	税率/征收率	税额
*通用设备*其他机器配件		批	1	5000.00	5000.00	13%	650.00
合计					¥5000.00		¥650.00
价税合计（大写）	伍仟陆佰伍拾圆整				（小写）¥5650.00		

备注：购方开户银行：中国建设银行无锡荣巷支行；银行账号：3200375389722088

销方开户银行：中国工商银行无锡钱桥支行；银行账号：2010001265102301

开票人：罗丽

下载次数：1

【凭证25-1】

中华人民共和国
税收完税证明

填发日期：202* 年 12 月 12 日　　税务机关：国家实务总局无锡市税务局

纳税人识别号	913202112345166888		纳税人名称	无锡太湖服装有限公司	
原凭证号	税种	品目名称	税款所属时期	入（退）库日期	实缴（退）金额
4320262***120	企业职工基本养老保险费	职工基本养老保险（单位缴纳）	202*-12-01至202*-12-31	202*-12-12	50,592.00
4320262***120	企业职工基本养老保险费	职工基本养老保险（个人缴纳）	202*-12-01至202*-12-31	202*-12-12	25,296.00
4320262***120	失业保险费	失业保险（单位缴纳）	202*-12-01至202*-12-31	202*-12-12	1,581.00
4320262***120	失业保险费	失业保险（个人缴纳）	202*-12-01至202*-12-31	202*-12-12	1,581.00
4320262***120	工伤保险费	工伤保险	202*-12-01至202*-12-31	202*-12-12	1,011.84
金额合计	（大写）捌万零陆拾壹元捌角肆分				80,061.84
税务机关（盖章）	填票人 纳税人网上开具	备注 国家金库无锡市中心支库 国家税务总局无锡市税务局第一税务分局 19****51			

收据联 交纳税人作完税证明

教学专用

安善保管

【凭证25-2】

中华人民共和国
税收完税证明

填发日期：202* 年 12 月 12 日　　税务机关：国家实务总局无锡市税务局

纳税人识别号	913202112345166888		纳税人名称	无锡太湖服装有限公司	
原凭证号	税种	品目名称	税款所属时期	入（退）库日期	实缴（退）金额
4320262***120	基本医疗保险费	职工基本医疗保险（单位缴纳）	202*-12-01至202*-12-31	202*-12-12	17,391.00
4320262***120	基本医疗保险费	职工基本医疗保险（个人缴纳）	202*-12-01至202*-12-31	202*-12-12	6,324.00
4320262***120	基本医疗保险费	企业补充医疗保险	202*-12-01至202*-12-31	202*-12-12	632.40
4320262***120	生育保险费	生育保险	202*-12-01至202*-12-31	202*-12-12	2,529.60
金额合计	（大写）贰万陆仟捌佰柒拾柒元整				26,877.00
税务机关（盖章）	填票人 纳税人网上开具	备注 国家金库无锡市中心支库 国家税务总局无锡市税务局第一税务分局 19****51			

收据联 交纳税人作完税证明

教学专用

安善保管

【凭证 25-3】

中国建设银行 China Construction Bank

中国建设银行单位客户专用回单

转账日期：202*年12月12日　　凭证字号：32061513626FPZ430J03

纳税人全称及纳税人识别号：无锡太湖服装有限公司
913202112345166888

付款人全称：无锡太湖服装有限公司	咨询（投诉）电话：12366
付款人账号：3200375389722088	征收机关名称（委托方）：国家税务总局无锡市第一税务分局
付款人开户银行：中国建设银行无锡荣巷支行	收款国库（银行）名称：国家金库无锡市中心支库
小写（合计）金额：¥106,938.84	缴款书交易流水号：202303123206180000953620
大写（合计）金额：壹拾万陆仟玖佰叁拾捌元捌角肆分	税票号码：320230507000400574

税（费）种名称	所属时期	实缴金额
基本养老保险费	202*1201-202*1231	75,888.00
失业保险费	202*1201-202*1231	3,162.00
工伤保险费	202*1201-202*1231	1,011.84
基本医疗保险费	202*1201-202*1231	23,715.00
补充医疗保险费	202*1201-202*1231	632.40
生育保险费	202*1201-202*1231	2,529.60

中国建设银行 电子回单专用章　教学专用

生成时间：202*-12-12
此回单以客户真实交易为依据，可通过建行网站（www.ccb.com）校验真伪。电子回单可重复打印，请勿重复记账。

【凭证 26-1】

中国建设银行单位客户专用回单

币别：人民币　　202*年12月12日　　流水号：32061513626FPZ430J07

付款人	全　称	无锡太湖服装有限公司	收款人	全　称	无锡太湖服装有限公司
	账　号	3200375389722088		账　号	3200375302100166
	开户行	中国建设银行无锡荣巷支行		开户行	中国建设银行无锡荣巷支行
金　额		（大写）人民币贰万伍仟元整			（小写）¥25000.00
凭证种类		电汇转账凭证	凭证号码		101472043683
结算方式		转账	用　途		银行本票

中国建设银行 电子回单专用章　教学专用

打印时间：202*-12-12　　交易柜员：99999999　　交易机构：320000801

（借方回单）（付款人回单）本回单可通过网点自助设备或建行网站校验真伪

【凭证 26-2】

付款期限 贰个月

中国建设银行
本　票　　2　地名　$\frac{E8}{03}$ 01256610

出票日期（大写）　贰零贰*　年　壹拾贰　月　壹拾贰　日

收款人：无锡市兴泰纽扣制品有限公司		申请人：无锡太湖服装有限公司	
凭票即付	人民币（大写）	贰万伍仟元整	¥25,000.00
转　账	现　金		
备注：		出票行签章	出纳　复核　经办

中国建设银行 本票专用章 5XXXX　唐正　教学专用

此联出票行结算本票时作借方凭证

【凭证 27-1】

中国建设银行 China Construction Bank

中国建设银行单位客户专用回单

币别：人民币　　202*年12月13日　　流水号:32061513626FPZ430J07

付款人	全　称	无锡太湖服装有限公司	收款人	全　称	无锡市和和美美纺织品有限公司
	账　号	3200375389722088		账　号	3200167790263923
	开户行	中国建设银行无锡荣巷支行		开户行	中国建设银行无锡新区支行
金　额		(大写)人民币贰佰伍拾肆万贰仟伍佰元整			(小写)¥2,542,500.00
凭证种类		电汇转账凭证	凭证号码		101472043683
结算方式		转账	用　途		货款

中国建设银行 电子回单专用章　教学专用

打印时间：202*-12-13　　交易柜员:99999999　　交易机构：320000801

（借方回单）（付款人回单）本回单可通过网点自助设备或建行网站校验真伪

【凭证 28-1】

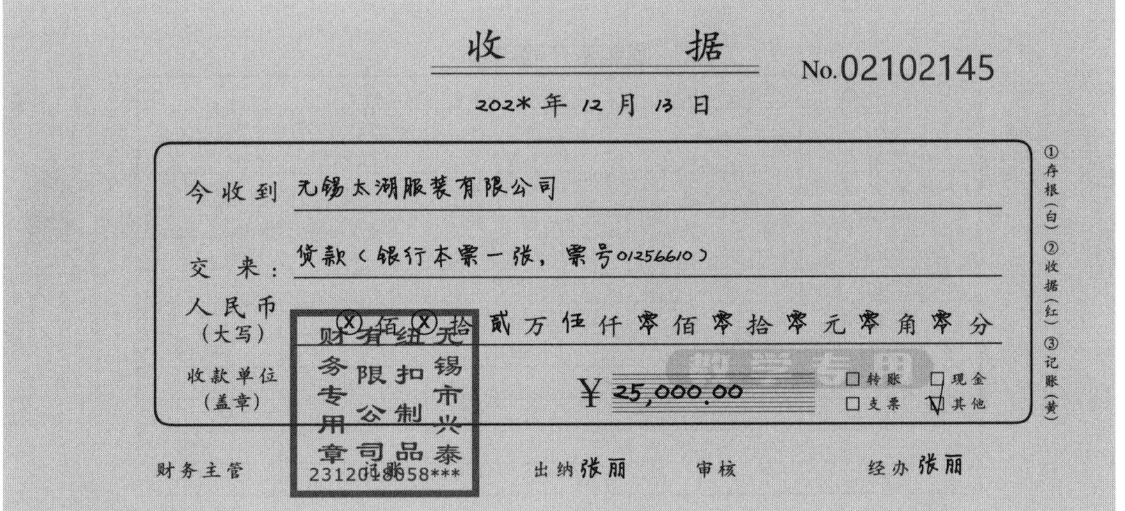

收　据　No.02102145

202*年12月13日

今收到 无锡太湖服装有限公司

交来：货款（银行本票一张，票号01256610）

人民币（大写）⊗佰⊗拾贰万伍仟零佰零拾零元零角零分

收款单位（盖章）　无锡市兴泰品扣有限公司 财务专用章 2312018058***　　¥25,000.00　　□转账 □现金 □支票 ☑其他

财务主管　记账　出纳 张丽　审核　经办 张丽

①存根（白）②收据（红）③记账（黄）

【凭证 29-1】

中国建设银行单位客户专用回单

币别：人民币　　202*年12月13日　　流水号:32061513626FPZ430J10

付款人	全　称	无锡太湖服装有限公司	收款人	全　称	京州市腾达纸箱厂
	账　号	3200375389722088		账　号	643007656352
	开户行	中国建设银行无锡荣巷支行		开户行	中国工商银行无锡中山路支行
金　额		(大写)人民币壹万玖仟柒佰柒拾伍元整			(小写)¥19,775.00
凭证种类		电汇转账凭证	凭证号码		101472043683
结算方式		转账	用　途		货款

中国建设银行 电子回单专用章　教学专用

打印时间：202*-12-13　　交易柜员:99999999　　交易机构：320000801

（借方回单）（付款人回单）

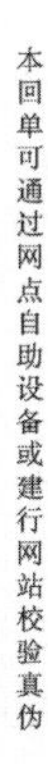

本回单可通过网点自助设备或建行网站校验真伪

【凭证 30-1】

中国建设银行单位客户专用回单

币别：人民币　　202*年12月14日　　流水号:32061513626FPZ430J11

付款人	全　称	无锡太湖服装有限公司	收款人	全　称	无锡市艺韩文化艺术有限公司
	账　号	3200375389722088		账　号	538038929364301
	开户行	中国建设银行无锡荣巷支行		开户行	中国工商银行无锡文华路支行
金　额		(大写)人民币壹拾贰万柒仟贰佰元整			(小写)￥127,200.00
凭证种类		电汇转账凭证	凭证号码		101472047830
结算方式		转账	用　途		设计费

教学专用　中国建设银行 电子回单专用章

（借方回单）（付款人回单）

本回单可通过网点自助设备或建行网站校验真伪

打印时间：202*-12-14　　交易柜员:99999999　　交易机构：320000801

【凭证 31-1】

固定资产验收单

资产名称	生产装备线2号	分类代码	SC00002
使用状况	使用中	发票日期	202*年12月06日
资产来源		发票号	32012369852013201249
经费来源		入账日期	202*年12月15日
采购组织形式	外购	发票金额	￥455,000.00
内部管理部门	生产车间	是否抵扣税	☑是　□否
内部使用部门	生产车间	预期使用年限	10年
入账价值	￥465,000.00	其中安装费用10000元	

其中	附属设备	入账价值	入账价值	备注

教学专用

【凭证 32-1】

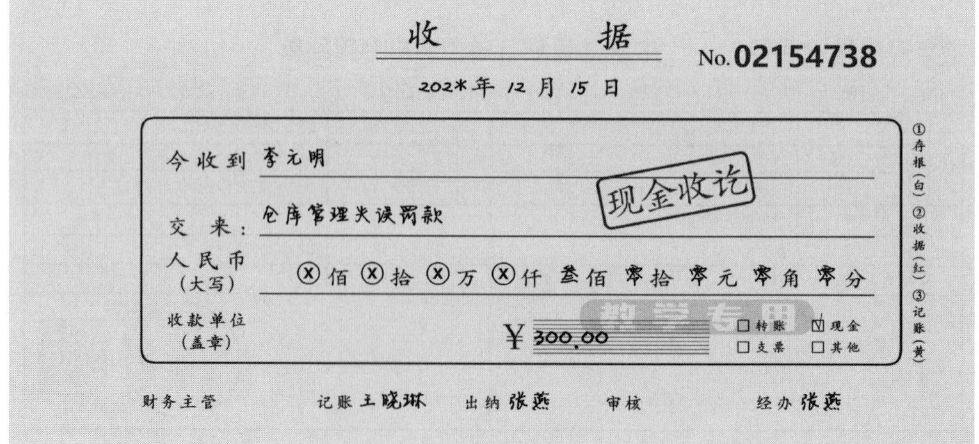

收　据　No.02154738

202*年12月15日

今收到 李元明

交　来：仓库管理失误罚款

人民币（大写）ⓧ佰 ⓧ拾 ⓧ万 ⓧ仟 叁佰 零拾 零元 零角 零分

收款单位（盖章）　　现金收讫　　￥300.00

□转账　☑现金　□支票　□其他

①存根（白）②收据（红）③记账（黄）

财务主管　　记账 王晓琳　　出纳 张燕　　审核　　经办 张燕

【凭证 33-1】

中国建设银行 China Construction Bank

中国建设银行单位客户专用回单

币别：人民币　　202*年12月15日　　流水号：32061513626FPZ02145

付款人	全　称	中国建设银行无锡荣巷支行	收款人	全　称	无锡太湖服装有限公司
	账　号	3200001245700101		账　号	3200375389722088
	开户行			开户行	中国建设银行无锡荣巷支行
金　额		（大写）人民币伍拾万元整			（小写）¥500,000.00
凭证种类		电汇转账凭证	凭证号码		101472000124
结算方式		转账	用　途		借款

中国建设银行 电子回单专用章　教学专用

（贷方回单）（收款人回单）

本回单可通过网点自助设备或建行网站校验真伪

打印时间：202*-12-15　　交易柜员：99999999　　交易机构：320000801

【凭证 34-1】

材料入库单　　NO 39019006

供货单位：无锡市和和美美纺织品有限公司　入库日期：202*-12-15　　仓库：无锡仓

材料名称	规格	计量单位	入库数量	检验
面料	100%羊毛	米	2000	

记账联　教学专用

业务员：　　库管：徐旦波　　检验员：李元明　　制单：李元明

【凭证 35-1】

工资结算汇总表

202*年11月　　单位：元

部门	职位	姓名	应出勤天数	缺勤天数	基本工资	缺勤扣款	应发工资	税前合计	个人所得税	实发金额
总经办	总经理	郑高彦	21.75	10.00	20,000.00	9,195.40	10,804.60	10,804.60	144.14	10,660.46
财务部	会计主管	王晓琳	21.75	10.00	8,500.00	3,908.05	4,591.95	4,591.95	-	4,591.95
	会计	朱红	21.75	10.00	6,000.00	2,758.62	3,241.38	3,241.38	-	3,241.38
	出纳	张燕	21.75	10.00	4,000.00	1,839.08	2,160.92	2,160.92	-	2,160.92
行政部	行政主管	朱波	21.75	10.00	8,000.00	3,678.16	4,321.84	4,321.84	-	4,321.84
	内勤	陈文	21.75	10.00	4,500.00	2,068.97	2,431.03	2,431.03	-	2,431.03
	内勤	王昌强	21.75	10.00	4,000.00	1,839.08	2,160.92	2,160.92	-	2,160.92
仓库部	仓库主管	徐旦波	21.75	10.00	7,500.00	3,448.28	4,051.72	4,051.72	-	4,051.72
	仓管员	李元明	21.75	10.00	4,000.00	1,839.08	2,160.92	2,160.92	-	2,160.92
采购部	采购主管	王峰	21.75	10.00	12,000.00	5,517.24	6,482.76	6,482.76	14.48	6,468.28
	采购员	杨涛	21.75	10.00	6,500.00	2,988.51	3,511.49	3,511.49	-	3,511.49
小计					**85,000.00**	**39,080.47**	**45,919.53**	**45,919.53**	**158.62**	**45,760.91**
销售部	销售主管	王倩	21.75	10.00	15,000.00	6,896.55	8,103.45	8,103.45	51.10	8,052.35
	销售员	李林	21.75	10.00	8,000.00	3,678.16	4,321.84	4,321.84	-	4,321.84
	销售员	王凯	21.75	10.00	6,000.00	2,758.62	3,241.38	3,241.38	-	3,241.38
小计					**29,000.00**	**13,333.33**	**15,666.67**	**15,666.67**	**51.10**	**15,615.57**
合计					**114,000.00**	**52,413.80**	**61,586.20**	**61,586.20**	**209.72**	**61,376.48**

教学专用

【凭证 35-2】

中国建设银行 China Construction Bank

中国建设银行单位客户专用回单

币别：人民币　　202*年12月15日　　流水号:32061513626FPZ430J02

付款人	全　称	无锡太湖服装有限公司	收款人	全　称	个人/单位存款
	账　号	3200375389722088		账　号	
	开户行	中国建设银行无锡荣巷支行		开户行	
金　额		(大写)人民币陆万壹仟叁佰柒拾陆元肆角捌分		(小写)¥61,376.48	
凭证种类		电汇转账凭证	凭证号码		101472043662
结算方式		转账	用　途		代发工资

中国建设银行 电子回单专用章　教学专用

(借方回单)(付款人回单)

本回单可通过网点自助设备或建行网站校验真伪

打印时间：202*-12-15　　交易柜员:99999999　　交易机构：320000801

【凭证 36-1】

中国建设银行 China Construction Bank

中国建设银行单位客户专用回单

转账日期：202*年12月15日　　凭证字号:32061513626FPZ430J04

纳税人全称及纳税人识别号：无锡太湖服装有限公司 913202112345166888

付款人全称：无锡太湖服装有限公司

付款人账号：3200375389722088

付款人开户银行：中国建设银行无锡荣巷支行

小写（合计）金额：¥209.72

大写（合计）金额：贰佰零玖元柒角贰分

咨询（投诉）电话：12366

征收机关名称（委托方）：国家税务总局无锡市第一税务分局

收款国库（银行）名称：国家金库无锡市中心支库

缴款书交易流水号：202303123206180000953621

税票号码：320230507000400574

税（费）种名称	所属时期	实缴金额
个人所得税	202*1101-202*1130	209.72

生成时间：202*-12-15

此回单以客户真实交易为依据，可通过建行网站（www.ccb.com）校验真伪。电子回单可重复打印，请勿重复记账。

【凭证 37-1】

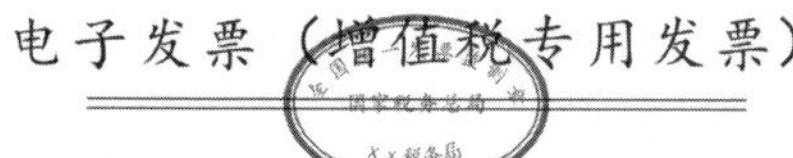

电子发票（增值税专用发票）

发票号码：32001900104144789305

开票日期：202*年12月17日

购买方信息	名称：无锡太湖服装有限公司 统一社会信用代码/纳税人识别号：913202112345166888	销售方信息	名称：无锡市东盛日易装饰有限公司 统一社会信用代码/纳税人识别号：91320214729021LA14

项目名称	规格型号	单位	数量	单价	金额	税率/征收率	税额
*建筑服务*装修费			1	36000.00	36000.00	9%	3240.00
合　计					¥36000.00		¥3240.00
价税合计（大写）	叁万玖仟贰佰肆拾圆整				（小写）¥39240.00		

备注	购方开户银行：中国建设银行无锡荣巷支行；银行账号：3200375389722088 销方开户银行：中国农业银行无锡湖滨路支行；银行账号：53803890000120940

教学专用

开票人：白晓芸

【凭证38-1】

无锡市住房公积金汇缴书

单位名称	无锡太湖服装有限公司				汇缴年月	202*12
单位代码	390231				汇缴人数	34
汇缴金额（大写）	伍万零伍佰玖拾贰元整				亿千百十万千百十元角分	¥5059200
附报资料	项目	人数	金额	单位	职工	中心盖章
	上月汇缴	0	0	0	0	
	本月增加	34	50,592.00	25,296.00	25,296.00	
	本月减少	0	0	0	0	
	技术调整	0	0	0	0	
	本月汇缴	34	50,592.00	25,296.00	25,296.00	

住房公积金管理中心制

【凭证38-2】

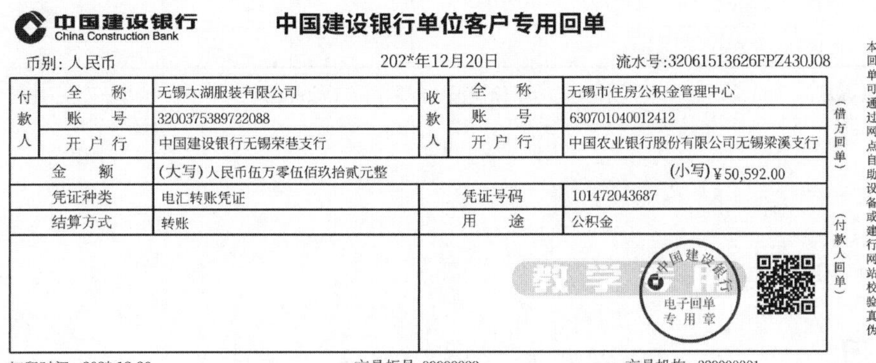

中国建设银行 China Construction Bank　中国建设银行单位客户专用回单

币别：人民币　202*年12月20日　流水号:32061513626FPZ430J08

付款人	全称	无锡太湖服装有限公司	收款人	全称	无锡市住房公积金管理中心
	账号	3200375389722088		账号	630701040012412
	开户行	中国建设银行无锡荣巷支行		开户行	中国农业银行股份有限公司无锡梁溪支行
金额		(大写)人民币伍万零伍佰玖拾贰元整			(小写)¥50,592.00
凭证种类		电汇转账凭证	凭证号码		101472043687
结算方式		转账	用途		公积金

中国建设银行 电子回单专用章

（借方回单）（付款人回单）

本回单可通过网点自助设备或建行网站校验真伪

打印时间：202*-12-20　交易柜员:99999999　交易机构：320000801

【凭证39-1】

电子发票（增值税专用发票）

发票号码：32001166122233055521

开票日期：202*年12月20日

购买方信息	名称：无锡太湖服装有限公司 统一社会信用代码/纳税人识别号：913202112345166888	销售方信息	名称：无锡市兴泰纽扣制品有限公司 统一社会信用代码/纳税人识别号：91380913246514232T

项目名称	规格型号	单位	数量	单价	金额	税率/征收率	税额
*日用杂品*纽扣	哑光黑色	个	1000	5.00	5000.00	13%	650.00
合计					¥5000.00		¥650.00
价税合计（大写）	伍仟陆佰伍拾圆整				（小写）¥5650.00		

备注	购方开户银行：中国建设银行无锡荣巷支行；银行账号：3200375389722088 销方开户银行：中国工商银行无锡藕塘支行　；银行账号：265191542360216

开票人：张宏光

【凭证 40-1】

材料出库单

NO 91011005

领料部门：生产车间　　出库日期：202*-12-22

订 单 号：

订单产品：　　订单数量：　　正常损耗率：

材料名称	规格	计量单位	标准耗量	请领数量	出库数量	备注
面料	100%羊毛	米		2,000	2,000	委外加工

记账联

车间负责人：　　仓库管理员：徐旦波　　领料人：徐俊伟　　制单：李元明

【凭证 40-2】

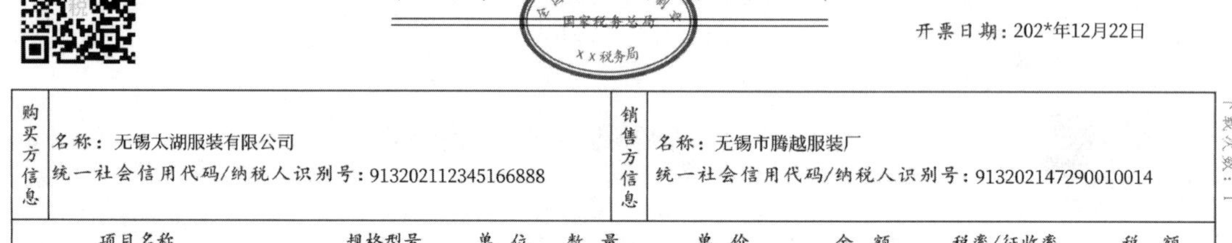

电子发票（增值税专用发票）

发票号码：32000125740321020010

开票日期：202*年12月22日

国家税务总局 ××税务局

购买方信息	名称：无锡太湖服装有限公司 统一社会信用代码/纳税人识别号：913202112345166888	销售方信息	名称：无锡市腾越服装厂 统一社会信用代码/纳税人识别号：913202147290010014

项目名称	规格型号	单位	数量	单价	金额	税率/征收率	税额
*其他加工劳务*加工费			1	17699.1150	17699.12	13%	2300.88
合计					¥17699.12		¥2300.88
价税合计（大写）	贰万圆整				（小写）¥20000.00		

备注：
购方开户银行：中国建设银行无锡荣巷支行；银行账号：3200375389722088
销方开户银行：中国工商银行无锡锡山支行；银行账号：630000120401201204

下载次数：1

开票人：李晓波

【凭证 41-1】

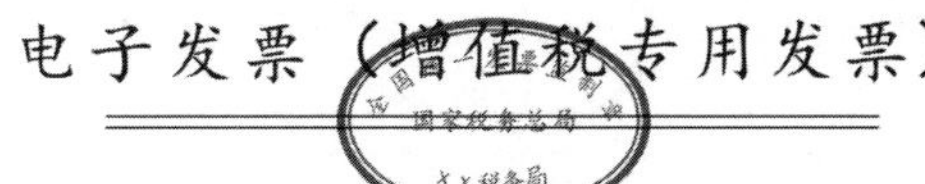

电子发票（增值税专用发票）

发票号码：32084001498340923431

开票日期：202*年12月23日

购买方信息	名称：无锡市华川实业有限公司 统一社会信用代码/纳税人识别号：91320057451277396T	销售方信息	名称：无锡太湖服装有限公司 统一社会信用代码/纳税人识别号：913202112345166888

项目名称	规格型号	单位	数量	单价	金额	税率/征收率	税额
*服装*运动风夹克衫		件	3000	330.00	990000.00	13%	128700.00
合计					¥990000.00		¥128700.00
价税合计（大写）	壹佰壹拾壹万捌仟柒佰圆整				（小写）¥1118700.00		
备注	购方开户银行：中国工商银行无锡河埒口支行；银行账号：538030012012874 销方开户银行：中国建设银行无锡荣巷支行；银行账号：3200375389722088						

开票人：张燕

下载次数：1

【凭证 41-2】

产品出库单

NO 50012001

购货单位：无锡市华川实业有限公司　　出库日期：202*-12-23

订单号：4510****00001

产品名称	规格	计量单位	出库数量	备注
运动风夹克衫		件	3,000	

记账联

销售负责人：王倩　业务员：李林　仓库管理员：徐旦波　制单：李元明

【凭证 42-1】

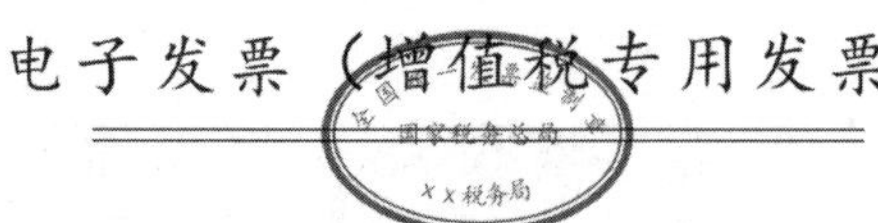

电子发票（增值税专用发票）

发票号码：32084001498340923432

开票日期：202*年12月25日

购买方信息	名称：无锡市毕胜商贸有限公司 统一社会信用代码/纳税人识别号：913215800551277388	销售方信息	名称：无锡太湖服装有限公司 统一社会信用代码/纳税人识别号：913202112345166888

项目名称	规格型号	单位	数量	单价	金额	税率/征收率	税额
*服装*休闲风夹克衫		件	3000	330.00	990000.00	13%	128700.00
*服装*复古风夹克衫		件	1400	350.00	490000.00	13%	63700.00
合计					¥1480000.00		¥192400.00
价税合计（大写）	壹佰陆拾柒万贰仟肆佰圆整				（小写）¥1672400.00		
备注	购方开户银行：中国建设银行无锡经济开发区支行；银行账号：3205010124573910 销方开户银行：中国建设银行无锡荣巷支行；银行账号：3200375389722088						

下载次数：1

开票人：张燕

【凭证 42-2】

产品出库单

NO 50012002

购货单位：无锡市毕胜商贸有限公司　　出库日期：202*-12-25

订单号：4510****00002

产品名称	规格	计量单位	出库数量	备注
休闲风夹克衫		件	3,000	
复古风夹克衫		件	1,400	

记账联

销售负责人：王倩　　业务员：王凯　　仓库管理员：徐旦波　　制单：李元明

【凭证43-1】

电子发票（增值税专用发票）

发票号码：32084001498340923433

开票日期：202*年12月26日

购买方信息	名称：无锡市盛业贸易有限公司 统一社会信用代码/纳税人识别号：913201974512709921	销售方信息	名称：无锡太湖服装有限公司 统一社会信用代码/纳税人识别号：913202112345166888

项目名称	规格型号	单位	数量	单价	金额	税率/征收率	税额
*服装*燕尾服		件	3000	600.00	1800000.00	13%	234000.00
合计					¥1800000.00		¥234000.00
价税合计（大写）	贰佰零叁万肆仟圆整				（小写）¥2034000.00		
备注	购方开户银行：中国农业银行无锡湖滨路支行；银行账号：53804010000340197 销方开户银行：中国建设银行无锡荣巷支行；银行账号：3200375389722088						

开票人：张燕

下载次数：1

【凭证43-2】

产品出库单　　NO 50012003

购货单位：无锡市盛业贸易有限公司　　出库日期：202*-12-26

订单号：4510****00003

产品名称	规格	计量单位	出库数量	备注
燕尾服		件	600	

记账联

销售负责人：王倩　　业务员：王凯　　仓库管理员：徐旦波　　制单：李元明

【凭证 44-1】

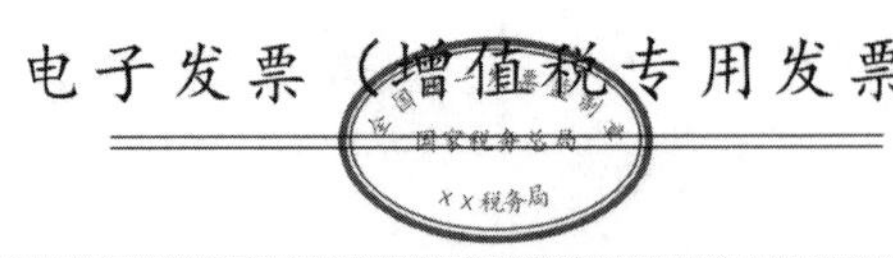

发票号码：32084001498340019701

开票日期：202*年12月26日

购买方信息	名称：无锡市华川实业有限公司 统一社会信用代码/纳税人识别号：91320057451277396T	销售方信息	名称：无锡太湖服装有限公司 统一社会信用代码/纳税人识别号：913202112345166888

项目名称	规格型号	单位	数量	单价	金额	税率/征收率	税额
*服装*运动风夹克衫		件	-3000	3.3	-9900.00	13%	-1287.00
合计					¥-9900.00		¥-1287.00
价税合计（大写）	（负数）壹万壹仟壹佰捌拾柒圆整				（小写）¥-11187.00		

备注：被红冲蓝字数电票号码：32084001498340923431红字发票信息确认单编号：31022623121001328131
购方开户银行：中国工商银行无锡河埒口支行；银行账号：538030012012874
销方开户银行：中国建设银行无锡荣巷支行；银行账号：3200375389722088

教学专用

下载次数：1

开票人：张燕

【凭证 45-1】

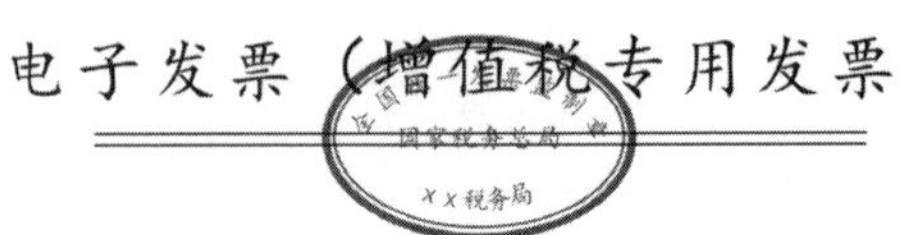

发票号码：32001117102120854146

开票日期：202*年12月26日

购买方信息	名称：无锡太湖服装有限公司 统一社会信用代码/纳税人识别号：913202112345166888	销售方信息	名称：无锡市木林森园艺有限公司 统一社会信用代码/纳税人识别号：91440128810562984K

项目名称	规格型号	单位	数量	单价	金额	税率/征收率	税额
*现代服务*绿化养护			1	2621.36	2621.36	3%	78.64
合计					¥2621.36		¥78.64
价税合计（大写）	贰仟柒佰圆整				（小写）¥2700.00		

备注：购方开户银行：中国建设银行无锡荣巷支行；银行账号：3200375389722088
销方开户银行：中国农业银行无锡钱桥支行；银行账号：53000214021002142

教学专用

下载次数：1

开票人：胡斐

【凭证46-1】

差旅费报销单

报销部门：销售部　　202*年 12 月 27 日填　　单据及附件共 4 张

姓名	王倩	职别	销售主管	出差事由	拜访客户			
出差起止日期：自 202* 年 12 月 15 日起至 202* 年 12 月 17 日止　共 3 天								
日期 月	日	起讫地点	交通费	住宿费	餐费	出差补助	其他	小计
12	15	无锡－北京	535.00					
12	17	北京－无锡	535.00	720.00	400.00			1655.00
合计			1070.00	720.00	400.00			2190.00
人民币（大写）	ⓧ拾ⓧ万贰仟壹佰玖拾零元零角零分				原借款：2000.00 元		退/补：190.00 元	

现金付讫

领导审批 郑高彦　部门主管 王倩　财务主管 王晓琳　会计 朱红　出纳 张燕　领款人 王倩

【凭证46-2】

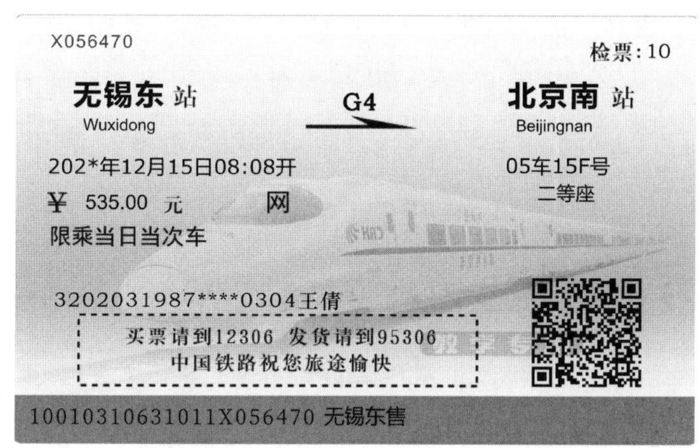
X056470　检票：10
无锡东 站 Wuxidong　G4　北京南 站 Beijingnan
202*年12月15日08:08开　05车15F号
¥ 535.00 元　网　二等座
限乘当日当次车
3202031987****0304王倩
买票请到12306 发货请到95306
中国铁路祝您旅途愉快
10010310631011X056470 无锡东售

【凭证46-3】

X050124　检票：6
北京南 站 Beijingnan　G35　无锡东 站 Wuxidong
202*年12月17日15:08开　08车16F号
¥ 535.00 元　网　二等座
限乘当日当次车
3202031987****0304王倩
买票请到12306 发货请到95306
中国铁路祝您旅途愉快
10010310631011X056470 北京南售

【凭证 46-4】

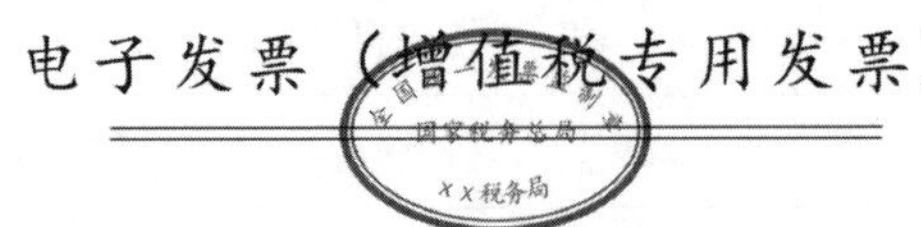

电子发票（增值税专用发票）

发票号码：42001946500353403021

开票日期：202*年12月17日

购买方信息	名称：无锡太湖服装有限公司 统一社会信用代码/纳税人识别号：913202112345166888	销售方信息	名称：北京新世界酒店 统一社会信用代码/纳税人识别号：91340200676745389D

项目名称	规格型号	单位	数量	单价	金额	税率/征收率	税额
*住宿服务*住宿费		天	2	339.6226	679.25	6%	40.75
合计					¥679.25		¥40.75
价税合计（大写）	柒佰贰拾圆整				（小写）¥720.00		
备注	购方开户银行：中国建设银行无锡荣巷支行；银行账号：3200375389722088 销方开户银行：中国工商银行北京知春路支行；银行账号：530012478540102980						

开票人：张丽丽

下载次数：1

【凭证 46-5】

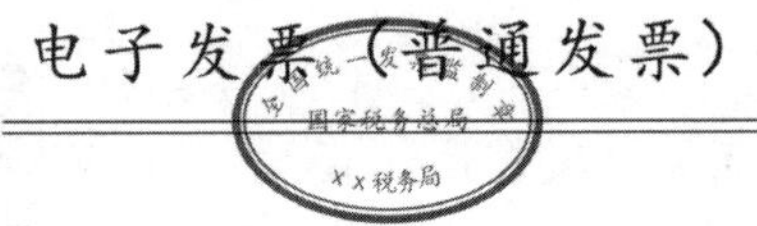

电子发票（普通发票）

发票号码：420019001040367364852

开票日期：202*年12月16日

购买方信息	名称：无锡太湖服装有限公司 统一社会信用代码/纳税人识别号：913202112345166888	销售方信息	名称：北京新世界酒店 统一社会信用代码/纳税人识别号：91340200676745389D

项目名称	规格型号	单位	数量	单价	金额	税率/征收率	税额
*餐饮服务*餐费			1	377.3585	377.36	6%	22.64
合计					¥377.36		¥22.64
价税合计（大写）	肆佰圆整				（小写）¥400.00		
备注							

开票人：张丽丽

下载次数：1

【凭证 47-1】

货物运输服务

电子发票（增值税专用发票）

发票号码：36230074680461134812

开票日期：202*年12月28日

购买方信息	名称：无锡太湖服装有限公司 统一社会信用代码/纳税人识别号：913202112345166888	销售方信息	名称：无锡市吉源运输有限公司 统一社会信用代码/纳税人识别号：91322415713071503Y

项目名称	单位	数量	单价	金额	税率/征收率	税额
*运输服务*交通运输服务		1	11000.00	11000.00	9%	990.00
合计				¥11000.00		¥990.00

运输工具种类	运输工具牌号	起运地	到达地	运输货物名称
货车	苏B-90**B	无锡	无锡	服饰

价税合计（大写）	壹万壹仟玖佰玖拾圆整	（小写） ¥11990.00

备注：购方开户银行：中国建设银行无锡荣巷支行；银行账号：3200375389722088
销方开户银行：中国农业银行无锡兴源北路支行；银行账号：53000678033436683

开票人：胡毅非

【凭证 48-1】

费用报销单

报销部门：行政部　　202* 年 12 月 29 日 填　　单据及附件共 1 张

用途	金额（元）	备注	
快递费	2332.00	现金付讫	
		部门审核：朱波	领导审批：郑高彦
合计	¥2332.00		
人民币（大写）⊗拾⊗万 贰仟 叁佰 叁拾 贰元 零角 零分		原借款：　元	退/补：　元

财务主管 王晓琳　　复核 朱红　　出纳 张燕　　报销人 陈文　　领款人 陈文

【凭证 48-2】

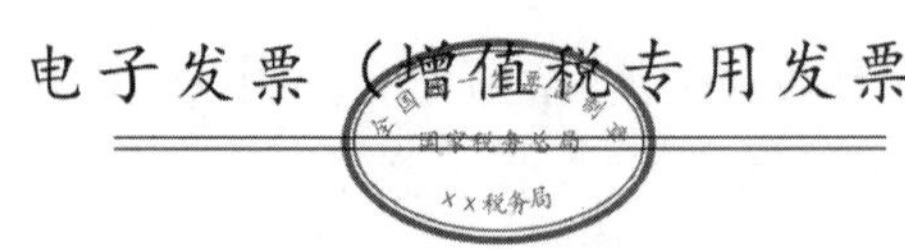

电子发票（增值税专用发票）

发票号码：32530971032126723096

开票日期：202*年12月29日

购买方信息	名称：无锡太湖服装有限公司 统一社会信用代码/纳税人识别号：913202112345166888	销售方信息	名称：无锡顺丰速运有限公司 统一社会信用代码/纳税人识别号：91790128005362956R

项目名称	规格型号	单位	数量	单价	金额	税率/征收率	税额
*物流辅助服务*收派服务费		次	1	2200.00	2200.00	6%	132.00
合计					¥2200.00		¥132.00
价税合计（大写）	贰仟叁佰叁拾贰圆整				（小写）¥2332.00		
备注							

开票人：张光亮

下载次数：1

教学专用

【凭证 49-1】

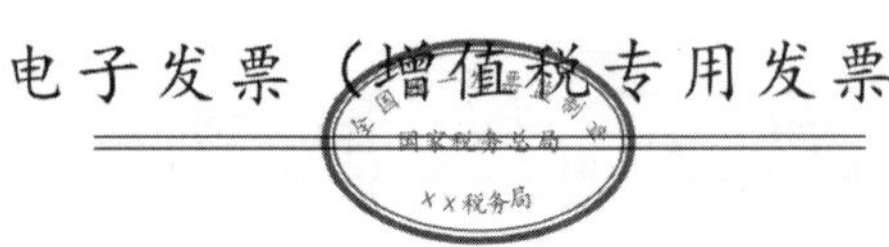

电子发票（增值税专用发票）

发票号码：32001911304378295632

开票日期：202*年12月31日

购买方信息	名称：无锡太湖服装有限公司 统一社会信用代码/纳税人识别号：913202112345166888	销售方信息	名称：无锡市自来水有限公司 统一社会信用代码/纳税人识别号：91320283135902167B

项目名称	规格型号	单位	数量	单价	金额	税率/征收率	税额
*水冰雪*水费		吨	500	2.40	1200.00	3%	36.00
合计					¥1200.00		¥36.00
价税合计（大写）	壹仟贰佰叁拾陆圆整				（小写）¥1236.00		
备注	购方开户银行：中国建设银行无锡荣巷支行；银行账号：3200375389722088 销方开户银行：中国建设银行无锡滨湖支行；银行账号：63004780021322						

开票人：刘一霏

下载次数：1

教学专用

【凭证49-2】

中国建设银行 China Construction Bank

中国建设银行单位客户专用回单

币别：人民币　　202*年12月31日　　流水号:32061513626FPZ430J14

付款人	全　称	无锡太湖服装有限公司	收款人	全　称	无锡市自来水有限公司
	账　号	3200375389722088		账　号	63004780021322
	开户行	中国建设银行无锡荣巷支行		开户行	中国建设银行无锡滨湖支行
金　额		(大写)人民币壹仟贰佰叁拾陆元整			(小写)¥1,236.00
凭证种类		电汇转账凭证	凭证号码		101472049032
结算方式		转账	用　途		水费

中国建设银行 电子回单 专用章

打印时间：202*-12-31　　交易柜员:99999999　　交易机构：320000801

(借方回单)(付款人回单)

本回单可通过网点自助设备或建行网站校验真伪

【凭证49-3】

用水量分配表

单位：无锡太湖服装有限公司　　所属期间：202*年12月

使用部门	借方科目	用水量/吨	分配率	分配金额/元
生产车间	制造费用	375.00	2.4	900.00
厂部	管理费用	125.00		300.00
合计		**500.00**		**1,200.00**

【凭证49-4】

电子发票（增值税专用发票）

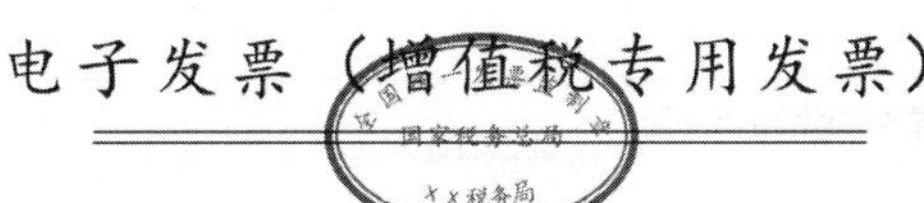

发票号码：32001911303500992903

开票日期：202*年12月31日

购买方信息	名称：无锡太湖服装有限公司 统一社会信用代码/纳税人识别号：913202112345166888	销售方信息	名称：京州市供电公司 统一社会信用代码/纳税人识别号：91320283112223345S

项目名称	规格型号	单位	数量	单价	金额	税率/征收率	税额
*供电*电费		千瓦特	5285.76	0.6054	3200.00	13%	416.00
合　计					¥3200.00		¥416.00
价税合计(大写)	叁仟陆佰壹拾陆圆整				(小写) ¥3616.00		

备注：购方开户银行：中国建设银行无锡荣巷支行；银行账号：3200375389722088
销方开户银行：中国建设银行无锡市西门支行；银行账号：3205016146801004

开票人：王晓敏

下载次数：1

【凭证 49-5】

中国建设银行 China Construction Bank　　中国建设银行单位客户专用回单

币别：人民币　　202*年12月31日　　流水号:32061513626FPZ430J13

付款人	全称	无锡太湖服装有限公司	收款人	全称	京州市供电公司
	账号	3200375389722088		账号	3205016146801004
	开户行	中国建设银行无锡荣巷支行		开户行	中国建设银行无锡市西门支行
金额		(大写)人民币叁仟陆佰壹拾陆元整			(小写)¥3,616.00
凭证种类		电汇转账凭证	凭证号码		101472048934
结算方式		转账	用途		电费

中国建设银行 电子回单 专用章　教学专用

打印时间：202*-12-31　　交易柜员:99999999　　交易机构：320000801

（借方回单）（付款人回单）本回单可通过网点自助设备或建行网站校验真伪

【凭证 49-6】

用电量分配表

单位：无锡太湖服装有限公司　　所属期间：202*年12月

使用部门	借方科目	用电量/度	分配率	分配金额/元
生产车间	制造费用	3,964.32	0.6054	2,400.00
厂部	管理费用	1,321.44		800.00
合计		**5,285.76**		**3,200.00**

【凭证 50-1】

交易性金融资产公允价值变动明细表

单位：无锡太湖服装有限公司　　日期：202*年12月31日

股票名称	无锡市飞天鹅股份有限公司
股票成本/元	1,128,000.00
已宣告但尚未发放的现金股利/元	72,000.00
交易费用/元	3,000.00
公允价值/元	1,150,000.00
公允价值变动损益/元	22,000.00

审核人：王晓琳　　制表人：朱红

【凭证 51-1】

中国建设银行 China Construction Bank　　中国建设银行单位客户专用回单

币别：人民币　　202*年12月31日　　流水号:32061513626FPZ430J15

户名:无锡太湖服装有限公司		账号:3200375389722088
项目名称	工本费/手续费/电子汇划费	金额
手续费	58.00	58.00
合计金额	(大写)人民币伍拾捌元整	¥58.00

付款方式：转账
业务类型：收费项目：对公人民币转账、汇款（含退款）

打印时间:202*-12-31　　交易柜员：99999999　　交易机构：320000801

【凭证 52-1】

工资结算汇总表（厂部）

202*年12月

单位：元

部门	职位	姓名	基本工资	满勤奖	加班	应发工资	应扣个人缴纳保险					税前合计	个人所得税	实发金额
							养老保险 8%	医疗保险 2%	失业保险 0.5%	住房公积金 8%	合计			
总经办	总经理	郑高彦	20,000.00	200.00	–	20,200.00	1,616.00	404.00	101.00	1,616.00	3,737.00	16,463.00	313.89	16,149.11
财务部	会计主管	王晓琳	8,500.00	200.00	–	8,700.00	696.00	174.00	43.50	696.00	1,609.50	7,090.50	–	7,090.50
	会计	朱红	6,000.00	200.00	–	6,200.00	496.00	124.00	31.00	496.00	1,147.00	5,053.00	–	5,053.00
	出纳	张燕	4,000.00	200.00	–	4,200.00	336.00	84.00	21.00	336.00	777.00	3,423.00	–	3,423.00
行政部	行政主管	朱波	8,000.00	200.00	–	8,200.00	656.00	164.00	41.00	656.00	1,517.00	6,683.00	0.15	6,682.85
	内勤	陈文	4,500.00	200.00	–	4,700.00	376.00	94.00	23.50	376.00	869.50	3,830.50	–	3,830.50
	内勤	王昌强	4,000.00	200.00	–	4,200.00	336.00	84.00	21.00	336.00	777.00	3,423.00	–	3,423.00
仓库部	仓库主管	徐旦波	7,500.00	200.00	300.00	8,000.00	640.00	160.00	40.00	640.00	1,480.00	6,520.00	–	6,520.00
	仓管员	李元明	4,000.00	200.00	300.00	4,500.00	360.00	90.00	22.50	360.00	832.50	3,667.50	–	3,667.50
采购部	采购主管	王峰	12,000.00	200.00	–	12,200.00	976.00	244.00	61.00	976.00	2,257.00	9,943.00	118.29	9,824.71
	采购员	杨涛	6,500.00	200.00	–	6,700.00	536.00	134.00	33.50	536.00	1,239.50	5,460.50	–	5,460.50
小计			**85,000.00**	**2,200.00**	**600.00**	**87,800.00**	**7,024.00**	**1,756.00**	**439.00**	**7,024.00**	**16,243.00**	**71,557.00**	**432.33**	**71,124.67**
销售部	销售主管	王倩	15,000.00	200.00	–	15,200.00	1,216.00	304.00	76.00	1,216.00	2,812.00	12,388.00	179.64	12,208.36
	销售员	李林	8,000.00	200.00	–	8,200.00	656.00	164.00	41.00	656.00	1,517.00	6,683.00	–	6,683.00
	销售员	王凯	6,000.00	200.00	–	6,200.00	496.00	124.00	31.00	496.00	1,147.00	5,053.00	–	5,053.00
小计			**29,000.00**	**600.00**	**-**	**29,600.00**	**2,368.00**	**592.00**	**148.00**	**2,368.00**	**5,476.00**	**24,124.00**	**179.64**	**23,944.36**
合计			**114,000.00**	**2,800.00**	**600.00**	**117,400.00**	**9,392.00**	**2,348.00**	**587.00**	**9,392.00**	**21,719.00**	**95,681.00**	**611.97**	**95,069.03**

【凭证 52-2】

工资结算汇总表（生产车间）

202*年12月

单位：元

部门	职位	姓名	基本工资	满勤奖	加班	应发工资	应扣个人缴纳保险					税前合计	个人所得税	实发金额
							养老保险 8%	医疗保险 2%	失业保险 0.5%	住房公积金 8%	合计			
生产车间	车间主任	李玉松	16,000.00	200.00	500.00	16,700.00	1,336.00	334.00	83.50	1,336.00	3,089.50	13,610.50	258.32	13,352.18
	车间主任	徐俊伟	16,000.00	200.00	500.00	16,700.00	1,336.00	334.00	83.50	1,336.00	3,089.50	13,610.50	183.32	13,427.18
小计			**32,000.00**	**400.00**	**1,000.00**	**33,400.00**	**2,672.00**	**668.00**	**167.00**	**2,672.00**	**6,179.00**	**27,221.00**	**441.64**	**26,779.36**
夹克车间	工人（运动风）	马阳	5,500.00	200.00	600.00	6,300.00	504.00	126.00	31.50	504.00	1,165.50	5,134.50	4.04	5,130.46
	工人（运动风）	张林	5,300.00	200.00	500.00	6,000.00	480.00	120.00	30.00	480.00	1,110.00	4,890.00	–	4,890.00
	工人（运动风）	蒙兰	5,000.00	200.00	600.00	5,800.00	464.00	116.00	29.00	464.00	1,073.00	4,727.00	–	4,727.00
	运动风夹克衫工人小计		**15,800.00**	**600.00**	**1,700.00**	**18,100.00**	**1,448.00**	**362.00**	**90.50**	**1,448.00**	**3,348.50**	**14,751.50**	**4.04**	**14,747.46**
	工人（休闲风）	陈海	12,000.00	200.00	500.00	12,700.00	1,016.00	254.00	63.50	1,016.00	2,349.50	10,350.50	70.52	10,279.98
	工人（休闲风）	沈阅	12,000.00	200.00	500.00	12,700.00	1,016.00	254.00	63.50	1,016.00	2,349.50	10,350.50	160.52	10,189.98
	工人（休闲风）	张坚	9,000.00	200.00	500.00	9,700.00	776.00	194.00	48.50	776.00	1,794.50	7,905.50	87.17	7,818.33
	休闲风夹克衫工人小计		**33,000.00**	**600.00**	**1,500.00**	**35,100.00**	**2,808.00**	**702.00**	**175.50**	**2,808.00**	**6,493.50**	**28,606.50**	**318.21**	**28,288.29**
	工人（复古风）	曹学志	8,000.00	200.00	500.00	8,700.00	696.00	174.00	43.50	696.00	1,609.50	7,090.50	32.72	7,057.78
	工人（复古风）	许光平	8,000.00	200.00	500.00	8,700.00	696.00	174.00	43.50	696.00	1,609.50	7,090.50	62.72	7,027.78
	工人（复古风）	王小林	10,000.00	200.00	500.00	10,700.00	856.00	214.00	53.50	856.00	1,979.50	8,720.50	111.62	8,608.88
	复古风夹克衫工人小计		**26,000.00**	**600.00**	**1,500.00**	**28,100.00**	**2,248.00**	**562.00**	**140.50**	**2,248.00**	**5,198.50**	**22,901.50**	**207.06**	**22,694.44**
西服车间	工人（西服）	蔡云烨	5,500.00	200.00	700.00	6,400.00	512.00	128.00	32.00	512.00	1,184.00	5,216.00	6.48	5,209.52
	工人（西服）	高一雯	5,200.00	200.00	600.00	6,000.00	480.00	120.00	30.00	480.00	1,110.00	4,890.00	–	4,890.00
	工人（西服）	陆飞	4,800.00	200.00	500.00	5,500.00	440.00	110.00	27.50	440.00	1,017.50	4,482.50	–	4,482.50
	工人（西服）	许建军	10,000.00	200.00	500.00	10,700.00	856.00	214.00	53.50	856.00	1,979.50	8,720.50	111.62	8,608.88
	西服工人小计		**25,500.00**	**800.00**	**2,300.00**	**28,600.00**	**2,288.00**	**572.00**	**143.00**	**2,288.00**	**5,291.00**	**23,309.00**	**118.10**	**23,190.90**
	工人（燕尾服）	肖福全	12,000.00	200.00	500.00	12,700.00	1,016.00	254.00	63.50	1,016.00	2,349.50	10,350.50	160.52	10,189.98
	工人（燕尾服）	尹致高	12,000.00	200.00	500.00	12,700.00	1,016.00	254.00	63.50	1,016.00	2,349.50	10,350.50	130.52	10,219.98
	工人（燕尾服）	杨代学	10,000.00	200.00	500.00	10,700.00	856.00	214.00	53.50	856.00	1,979.50	8,720.50	111.62	8,608.88
	工人（燕尾服）	杨文建	9,000.00	200.00	500.00	9,700.00	776.00	194.00	48.50	776.00	1,794.50	7,905.50	27.17	7,878.33
	工人（燕尾服）	李远轮	9,000.00	200.00	500.00	9,700.00	776.00	194.00	48.50	776.00	1,794.50	7,905.50	87.17	7,818.33
	燕尾服工人小计		**52,000.00**	**1,000.00**	**2,500.00**	**55,500.00**	**4,440.00**	**1,110.00**	**277.50**	**4,440.00**	**10,267.50**	**45,232.50**	**517.00**	**44,715.50**
合计			**184,300.00**	**4,000.00**	**10,500.00**	**198,800.00**	**15,904.00**	**3,976.00**	**994.00**	**15,904.00**	**36,778.00**	**162,022.00**	**1,606.05**	**160,415.95**

【凭证 53-1】

社保分配表

202*年12月　　　　单位：元

部门		工资合计	企业							个人			
			养老保险16%	基本医疗保险5.5%	补充医疗保险0.2%	失业保险0.5%	工伤保险0.32%	生育保险0.8%	小计	养老保险8%	医疗保险2%	失业保险0.5%	小计
后勤管理部门		87, 800. 00	14, 048. 00	4, 829. 00	175. 60	439. 00	280. 96	702. 40	20, 474. 96	7, 024. 00	1, 756. 00	439. 00	9, 219. 00
销售部		29, 600. 00	4, 736. 00	1, 628. 00	59. 20	148. 00	94. 72	236. 80	6, 902. 72	2, 368. 00	592. 00	148. 00	3, 108. 00
生产车间管理人员		33, 400. 00	5, 344. 00	1, 837. 00	66. 80	167. 00	106. 88	267. 20	7, 788. 88	2, 672. 00	668. 00	167. 00	3, 507. 00
夹克车间	运动风夹克衫工人小计	18, 100. 00	2, 896. 00	995. 50	36. 20	90. 50	57. 92	144. 80	4, 220. 92	1, 448. 00	362. 00	90. 50	1, 900. 50
	休闲风夹克衫工人小计	35, 100. 00	5, 616. 00	1, 930. 50	70. 20	175. 50	112. 32	280. 80	8, 185. 32	2, 808. 00	702. 00	175. 50	3, 685. 50
	复古风夹克衫工人小计	28, 100. 00	4, 496. 00	1, 545. 50	56. 20	140. 50	89. 92	224. 80	6, 552. 92	2, 248. 00	562. 00	140. 50	2, 950. 50
西服车间	西服工人小计	28, 600. 00	4, 576. 00	1, 573. 00	57. 20	143. 00	91. 52	228. 80	6, 669. 52	2, 288. 00	572. 00	143. 00	3, 003. 00
	燕尾服工人小计	55, 500. 00	8, 880. 00	3, 052. 50	111. 00	277. 50	177. 60	444. 00	12, 942. 60	4, 440. 00	1, 110. 00	277. 50	5, 827. 50
合计		**316,200.00**	**50,592.00**	**17,391.00**	**632.40**	**1,581.00**	**1,011.84**	**2,529.60**	**73,737.84**	**25,296.00**	**6,324.00**	**1,581.00**	**33,201.00**

【凭证 54-1】

公积金分配表

202*年12月　　　　单位：元

部门		工资合计	单位缴纳	个人缴纳	合计
后勤管理部门		87, 800. 00	7, 024. 00	7, 024. 00	14, 048. 00
销售部		29, 600. 00	2, 368. 00	2, 368. 00	4, 736. 00
生产车间管理人员		33, 400. 00	2, 672. 00	2, 672. 00	5, 344. 00
夹克车间	运动风夹克衫工人小计	18, 100. 00	1, 448. 00	1, 448. 00	2, 896. 00
	休闲风夹克衫工人小计	35, 100. 00	2, 808. 00	2, 808. 00	5, 616. 00
	复古风夹克衫工人小计	28, 100. 00	2, 248. 00	2, 248. 00	4, 496. 00
西服车间	西服工人小计	28, 600. 00	2, 288. 00	2, 288. 00	4, 576. 00
	燕尾服工人小计	55, 500. 00	4, 440. 00	4, 440. 00	8, 880. 00
合计		**316,200.00**	**25,296.00**	**25,296.00**	**50,592.00**

【凭证 55-1】

固定资产折旧计算表

单位：无锡太湖服装有限公司　　　　所属期限：202*年12月

项目	名称	购买日期	单位	数量	单价/元	金额/元	使用年限/年	残值率	本月折旧额/元	使用部门
管理设备	空调	202*年11月	台	10	3, 000. 00	30, 000. 00	3	5%	791. 67	办公室
	电脑	202*年11月	台	20	3, 000. 00	60, 000. 00	3	5%	1, 583. 33	
	办公桌椅	202*年11月	套	20	500. 00	10, 000. 00	5	5%	158. 33	
小计						**100,000.00**			**2,533.33**	
生产设备	生产装备线1号	202*年11月	辆	2	227, 500. 00	455, 000. 00	10	5%	3, 602. 08	生产车间
	电动冲床	202*年11月	辆	3	86, 500. 00	259, 500. 00	10	5%	2, 054. 38	
	异步电动机	202*年11月	辆	3	67, 500. 00	202, 500. 00	10	5%	1, 603. 13	
	电子检测仪	202*年11月	台	3	22, 900. 00	68, 700. 00	10	5%	543. 88	
	空气压缩机	202*年11月	套	3	28, 000. 00	84, 000. 00	10	5%	665. 00	
	生产装备线2号	202*年12月	辆	2	232, 500. 00	465, 000. 00	10	5%	0. 00	
小计						**1,534,700.00**			**8,468.47**	
合计						**1,634,700.00**			**11,001.80**	

【凭证 56-1】

无形资产摊销明细表

单位：无锡太湖服装有限公司　　　　所属期限：202*年12月

项目	金额/元	摊销时间	摊销期/月	月摊销额/元	本年摊销额/元	累计摊销额/元	净值/元
财务软件	120,000.00	202*.12-203*.11	120	1,000.00	1,000.00	1,000.00	119,000.00

【凭证 57-1】

装修摊销计算表

单位：无锡太湖服装有限公司　　　　所属期限：202*年12月

项目	入账期间	金额/元	摊销期间	摊销期/月	月摊销额/元	累计摊销金额/元	剩余摊销金额/元
直播间装修	202*.03	36,000.00	202*.12-202*.11	36	1,000.00	1,000.00	35,000.00

【凭证 58-1】

制造费用分配表

单位：元

单位：无锡太湖服装有限公司　　　　所属期限：202*年12月

车间	产品	直接人工 ①	待分配制造费用 ②	分配率 ③=②/①	分配金额 ④=①×③
夹克车间	运动风夹克衫	23,768.92	208,129.35	0.958224	22,775.95
	休闲风夹克衫	46,093.32			44,167.73
	复古风夹克衫	36,900.92			35,359.35
西服车间	西服	37,557.52			35,988.52
	燕尾服	72,882.60			69,837.80
合计		217,203.28			208,129.35

备注：1. 分配率保留6位小数。2. 分配金额尾差计入“燕尾服”。

【凭证 59-1】

完工产品计算表

单位：无锡太湖服装有限公司　　　　所属期限：202*年12月

项目	夹克			西服		合计
	运动风夹克衫	休闲风夹克衫	复古风夹克衫	西服	燕尾服	
本月批次/次	30	30	14	0	30	
每批产量/件	100	100	100	100	100	
总产量/件	3000	3000	1400	0	3000	
直接材料	571,800.00	542,450.00	279,280.00	0.00	282,100.00	1,675,630.00
直接人工	23,768.92	46,093.32	18,450.46	0.00	72,882.60	161,195.30
制造费用	22,775.95	44,167.73	17,679.68	0.00	69,837.80	154,461.16
完工产品成本	618,344.87	632,711.05	315,410.14	0.00	424,820.40	1,991,286.46

【凭证 60-1】

中国建设银行 China Construction Bank

中国建设银行单位客户专用回单

币别：人民币　　202*年12月31日　　流水号：3206151360210P10J20

付款人	全　称	无锡市毕胜商贸有限公司	收款人	全　称	无锡太湖服装有限公司
	账　号	3205010124573910		账　号	3200375389722088
	开户行	中国建设银行无锡经济开发区支行		开户行	中国建设银行无锡荣巷支行
金　额		(大写) 人民币壹佰陆拾叁万捌仟玖佰伍拾贰元整			(小写) ¥1,638,952.00
凭证种类		电汇转账凭证	凭证号码		101472040124
结算方式		转账	用　途		货款

(贷方回单)

(收款人回单)

本回单可通过网点自助设备或建行网站校验真伪

打印时间：202*-12-31　　交易柜员：99999999　　交易机构：320000801

【凭证 61-1】

长期股权投资损益调整明细表

单位：无锡太湖服装有限公司　　日期：202*年12月31日

被投资单位	无锡市海棠制衣股份有限公司
投资成本/元	3,000,000.00
投资比例	30%
投资核算方法	权益法
被投资单位当年净利润/元	1,000,000.00
投资收益/元	300,000.00

审核人：王晓琳　　制表人：朱红

【凭证 62-1】

中国建设银行单位客户专用回单

中国建设银行 China Construction Bank

转账日期：202*年12月31日　　凭证字号：32061513626FP0120014

纳税人全称及纳税人识别号：无锡太湖服装有限公司
913202112345166888

付款人全称：无锡太湖服装有限公司　　咨询（投诉）电话：12366
付款人账号：3200375389722088　　征收机关名称（委托方）：国家税务总局无锡市第一税务分局
付款人开户银行：中国建设银行无锡荣巷支行　　收款国库（银行）名称：国家金库无锡市中心支库
小写（合计）金额：¥1,231.72　　缴款书交易流水号：202303123206180000953620
大写（合计）金额：壹仟贰佰叁拾壹元柒角贰分　　税票号码：320230507000400574

税（费）种名称	所属时期	实缴金额
工会经费	202*.10-202*.12	1,231.72

生成时间：202*-12-31
此回单以客户真实交易为依据，可通过建行网站（www.ccb.com）校验真伪。电子回单可重复打印，请勿重复记账。

【凭证 63-1】

存货实存账存对比表

单位：无锡太湖服装有限公司　　所属期限：202*年12月　　单位：元

存货类别	名称	计量单位	实存		账存		盘盈		盘亏	
			数量	金额	数量	金额	数量	金额	数量	金额
原材料	线	卷							5	50.00
原材料	纽扣	个							35	175.00
合计									40	225.00
处理意见	清查小组					审批部门				

会计主管：王晓琳　　稽核：朱红　　制单人：李元明

【凭证 64-1】

存货实存账存对比表

单位：无锡太湖服装有限公司　　所属期限：202*年12月　　单位：元

存货类别	名称	计量单位	实存		账存		盘盈		盘亏	
			数量	金额	数量	金额	数量	金额	数量	金额
原材料	线	卷							5	50.00
原材料	纽扣	个							35	175.00
合计									40	225.00
处理意见	清查小组					审批部门				
						盘亏的原材料经查明是计量错误，经批准，现转入“管理费用”。				

会计主管：王晓琳　　稽核：朱红　　制单人：李元明

【凭证 65-1】

中国建设银行单位客户专用回单

币别：人民币　　202*年12月31日　　流水号：32061513626FPZ430J16

付款人	全　称		收款人	全　称	无锡太湖服装有限公司
	账　号			账　号	3200375389722088
	开户行			开户行	中国建设银行无锡荣巷支行
金　额		（大写）人民币壹佰贰拾柒元壹角捌分			（小写）¥127.18
凭证种类			凭证号码		
结算方式			用　途		结息

中国建设银行 电子回单 专用章

本回单可通过网点自助设备或建行网站校验真伪

（贷方回单）（收款人回单）

打印时间：202*-12-31　　交易柜员：99999999　　交易机构：320000801

【凭证 66-1】

短期借款利息明细

单位：无锡太湖服装有限公司　　所属期间：202*年12月15日至202*年12月31日

项目	对方科目	借款日期	还款日期
短期借款利息	应付利息	202*年12月15日	202*年12月14日
借款金额	**借款期限**	**年利率**	**本月计提应付利息额**
¥500,000.00	1年	7%	¥1,458.33

审核人：王晓琳　　制表人：朱红

【凭证 67-1】

成本计算表

单位：无锡太湖服装有限公司　　所属期限：202*年12月　　单位：元

产品名称	期初库存		本期入库		加权平均单位成本	本期销售		期末库存	
	数量	金额	数量	金额		数量	金额	数量	金额
运动风夹克衫	0	-	3,000	618,344.87	206.11	3,000	618,344.87	0	-
休闲风夹克衫	0	-	3,000	632,711.05	210.90	3,000	632,711.05	0	-
复古风夹克衫	0	-	1,400	315,410.14	225.29	1,400	315,410.14	0	-
西服	0	-	3,000	424,820.40	141.61	3,000	424,820.40	0	-
燕尾服	0	-	0	-	-	0	-	0	-

审核人：王晓琳　　制表人：朱红

【凭证68-1】

应交增值税计提表

单位：无锡太湖服装有限公司　　所属期限：202*年12月　　单位：元

序号	项目	借方金额	贷方金额
1	应交增值税期初余额	152,181.00	
2	本期销项税额发生额		553,813.00
3	本期进项税额发生额	393,827.62	
4	本期减免税额发生额		
5	本期进项税额转出发生额		
6	本期应转出未缴增值税发生额	7,804.38	

审核人：王晓琳　　制表人：朱红

【凭证69-1】

附加税费计提表

单位：无锡太湖服装有限公司　　所属期限：202*年12月

税（费）种	计税（费）依据 应交增值税/元	税（费）率	本期应纳税（费）额/元
城市维护建设税	7,804.38	7%	546.31
教育费附加	7,804.38	3%	234.13
地方教育附加	7,804.38	2%	156.09

审核人：王晓琳　　制表人：朱红

【凭证70-1】

当期损益计算表

单位：无锡太湖服装有限公司　　所属期限：202*年12月

收入类科目	本月发生额/元	费用类科目	本月发生额/元
主营业务收入	4,260,100.00	主营业务成本	1,991,286.46
其他业务收入		其他业务成本	
营业外收入	300.00	税金及附加	936.53
投资收益（收入）	297,000.00	管理费用	136,821.07
公允价值变动损益（收益）	22,000.00	销售费用	89,379.62
		财务费用	1,389.15
		资产减值损失	
		营业外支出	
合计	4,579,400.00	合计	2,219,812.83

审核人：王晓琳　　制表人：朱红

【凭证 71-1】

企业所得税计算表

单位：无锡太湖服装有限公司　　　　　　　　　　　　所属期限：202*年第四季度

项目	行次	金额/元
一、营业收入	1	4, 260, 100. 00
减：营业成本	2	1, 991, 286. 46
税金及附加	3	936. 53
销售费用	4	89, 379. 62
管理费用	5	200, 407. 27
财务费用	6	1, 389. 15
加：投资收益	7	297, 000. 00
公允价值变动收益	8	22, 000. 00
二、营业利润	9	2, 295, 700. 97
加：营业外收入	10	300. 00
三、利润总额	11	2, 296, 000. 97
税率(25%)	12	-
应纳所得税额	13	574, 000. 24
减：本年实际已缴纳所得税额	14	0. 00
本期应纳所得税额	15	574, 000. 24

审核人：王晓琳　　　　　　　　　　　　制表人：朱红

【凭证 72-1】

计提盈余公积计算表

单位：无锡太湖服装有限公司　　所属期限：202*年第四季度　　　　单位：元

项目	计提依据			计提率	计提金额
	本年净利润	以前年度未弥补亏损	扣除以前年度亏损后净利润		
法定盈余公积	1, 722, 000. 73			10%	172, 200. 07
合计					172, 200. 07

审核人：王晓琳　　　　　　　　　　　　制表人：朱红

库存现金日记账

第______页

年		凭证		摘要	对方科目	借方										贷方										余额										√
月	日	种类	号数			千	百	十	万	千	百	十	元	角	分	千	百	十	万	千	百	十	元	角	分	千	百	十	万	千	百	十	元	角	分	

库存现金日记账

第______页

年		凭证		摘要	对方科目	借方										贷方										余额										√
月	日	种类	号数			千	百	十	万	千	百	十	元	角	分	千	百	十	万	千	百	十	元	角	分	千	百	十	万	千	百	十	元	角	分	

银行存款日记账

第______页

开户银行______________

账　　号______________

年		凭证		摘要	对方科目	借方										贷方										余额										√
月	日	种类	号数			千	百	十	万	千	百	十	元	角	分	千	百	十	万	千	百	十	元	角	分	千	百	十	万	千	百	十	元	角	分	

第______页

银行存款日记账

开户银行______________

账　　号______________

年		凭证		摘要	对方科目	借方										贷方										余额										√
月	日	种类	号数			千	百	十	万	千	百	十	元	角	分	千	百	十	万	千	百	十	元	角	分	千	百	十	万	千	百	十	元	角	分	

明细账

总第______页　　分第______页

______级科目编号及名称____________

______级科目编号及名称____________

年		凭证		摘要	对方科目	借方金额												贷方金额												借或贷	余额												√
月	日	种类	号数			十	亿	千	百	十	万	千	百	十	元	角	分	十	亿	千	百	十	万	千	百	十	元	角	分		十	亿	千	百	十	万	千	百	十	元	角	分	

明细账

总第______页　　分第______页

______级科目编号及名称____________

______级科目编号及名称____________

年		凭证		摘要	对方科目	借方金额												贷方金额												借或贷	余额												√
月	日	种类	号数			十	亿	千	百	十	万	千	百	十	元	角	分	十	亿	千	百	十	万	千	百	十	元	角	分		十	亿	千	百	十	万	千	百	十	元	角	分	

总第______页　　分第______页

______级科目编号及名称______________

______级科目编号及名称______________

明细账

年		凭证		摘要	对方科目	借方金额												贷方金额												借或贷	余额												√
月	日	种类	号数			十	亿	千	百	十	万	千	百	十	元	角	分	十	亿	千	百	十	万	千	百	十	元	角	分		十	亿	千	百	十	万	千	百	十	元	角	分	

总第______页　　分第______页

______级科目编号及名称______________

______级科目编号及名称______________

明细账

年		凭证		摘要	对方科目	借方金额												贷方金额												借或贷	余额												√
月	日	种类	号数			十	亿	千	百	十	万	千	百	十	元	角	分	十	亿	千	百	十	万	千	百	十	元	角	分		十	亿	千	百	十	万	千	百	十	元	角	分	

总第______页　分第______页

______级科目编号及名称______

______级科目编号及名称______

明细账

年		凭证		摘要	对方科目	借方金额												贷方金额												借或贷	余额												√
月	日	种类	号数			十	亿	千	百	十	万	千	百	十	元	角	分	十	亿	千	百	十	万	千	百	十	元	角	分		十	亿	千	百	十	万	千	百	十	元	角	分	

总第______页　分第______页

______级科目编号及名称______

______级科目编号及名称______

明细账

年		凭证		摘要	对方科目	借方金额												贷方金额												借或贷	余额												√
月	日	种类	号数			十	亿	千	百	十	万	千	百	十	元	角	分	十	亿	千	百	十	万	千	百	十	元	角	分		十	亿	千	百	十	万	千	百	十	元	角	分	

明细账

总第______页　　分第______页

______级科目编号及名称______________

______级科目编号及名称______________

年		凭证		摘要	对方科目	借方金额												贷方金额												借或贷	余额												√
月	日	种类	号数			十	亿	千	百	十	万	千	百	十	元	角	分	十	亿	千	百	十	万	千	百	十	元	角	分		十	亿	千	百	十	万	千	百	十	元	角	分	

明细账

总第______页　　分第______页

______级科目编号及名称______________

______级科目编号及名称______________

年		凭证		摘要	对方科目	借方金额												贷方金额												借或贷	余额												√
月	日	种类	号数			十	亿	千	百	十	万	千	百	十	元	角	分	十	亿	千	百	十	万	千	百	十	元	角	分		十	亿	千	百	十	万	千	百	十	元	角	分	

明细账

______级科目编号及名称______

______级科目编号及名称______

年		凭证		摘要	对方科目	借方金额												贷方金额												借或贷	余额												√
月	日	种类	号数			十	亿	千	百	十	万	千	百	十	元	角	分	十	亿	千	百	十	万	千	百	十	元	角	分		十	亿	千	百	十	万	千	百	十	元	角	分	

总第______页　分第______页

明细账

______级科目编号及名称______

______级科目编号及名称______

年		凭证		摘要	对方科目	借方金额												贷方金额												借或贷	余额												√
月	日	种类	号数			十	亿	千	百	十	万	千	百	十	元	角	分	十	亿	千	百	十	万	千	百	十	元	角	分		十	亿	千	百	十	万	千	百	十	元	角	分	

明细账

总第______页　　分第______页

______级科目编号及名称______

______级科目编号及名称______

年		凭证		摘要	对方科目	借方金额												贷方金额												借或贷	余额												√
月	日	种类	号数			十	亿	千	百	十	万	千	百	十	元	角	分	十	亿	千	百	十	万	千	百	十	元	角	分		十	亿	千	百	十	万	千	百	十	元	角	分	

明细账

总第______页　　分第______页

______级科目编号及名称______

______级科目编号及名称______

年		凭证		摘要	对方科目	借方金额												贷方金额												借或贷	余额												√
月	日	种类	号数			十	亿	千	百	十	万	千	百	十	元	角	分	十	亿	千	百	十	万	千	百	十	元	角	分		十	亿	千	百	十	万	千	百	十	元	角	分	

明细账

总第______页　　分第______页

____级科目编号及名称____________

____级科目编号及名称____________

年		凭证		摘要	对方科目	借方金额												贷方金额												借或贷	余额												√
月	日	种类	号数			十	亿	千	百	十	万	千	百	十	元	角	分	十	亿	千	百	十	万	千	百	十	元	角	分		十	亿	千	百	十	万	千	百	十	元	角	分	

明细账

总第______页　　分第______页

____级科目编号及名称____________

____级科目编号及名称____________

年		凭证		摘要	对方科目	借方金额												贷方金额												借或贷	余额												√
月	日	种类	号数			十	亿	千	百	十	万	千	百	十	元	角	分	十	亿	千	百	十	万	千	百	十	元	角	分		十	亿	千	百	十	万	千	百	十	元	角	分	

明细账

总第____页　分第____页

____级科目编号及名称________

____级科目编号及名称________

年		凭证		摘要	对方科目	借方金额												贷方金额												借或贷	余额												√
月	日	种类	号数			十	亿	千	百	十	万	千	百	十	元	角	分	十	亿	千	百	十	万	千	百	十	元	角	分		十	亿	千	百	十	万	千	百	十	元	角	分	

明细账

总第____页　分第____页

____级科目编号及名称________

____级科目编号及名称________

年		凭证		摘要	对方科目	借方金额												贷方金额												借或贷	余额												√
月	日	种类	号数			十	亿	千	百	十	万	千	百	十	元	角	分	十	亿	千	百	十	万	千	百	十	元	角	分		十	亿	千	百	十	万	千	百	十	元	角	分	

总第____页　分第____页

____级科目编号及名称____

____级科目编号及名称____

明细账

年		凭证		摘要	对方科目	借方金额												贷方金额												借或贷	余额												√
月	日	种类	号数			十	亿	千	百	十	万	千	百	十	元	角	分	十	亿	千	百	十	万	千	百	十	元	角	分		十	亿	千	百	十	万	千	百	十	元	角	分	

总第____页　分第____页

____级科目编号及名称____

____级科目编号及名称____

明细账

年		凭证		摘要	对方科目	借方金额												贷方金额												借或贷	余额												√
月	日	种类	号数			十	亿	千	百	十	万	千	百	十	元	角	分	十	亿	千	百	十	万	千	百	十	元	角	分		十	亿	千	百	十	万	千	百	十	元	角	分	

明细账

总第______页　分第______页

______级科目编号及名称______________

______级科目编号及名称______________

年		凭证		摘要	对方科目	借方金额												贷方金额												借或贷	余额												√
月	日	种类	号数			十	亿	千	百	十	万	千	百	十	元	角	分	十	亿	千	百	十	万	千	百	十	元	角	分		十	亿	千	百	十	万	千	百	十	元	角	分	

明细账

总第______页　分第______页

______级科目编号及名称______________

______级科目编号及名称______________

年		凭证		摘要	对方科目	借方金额												贷方金额												借或贷	余额												√
月	日	种类	号数			十	亿	千	百	十	万	千	百	十	元	角	分	十	亿	千	百	十	万	千	百	十	元	角	分		十	亿	千	百	十	万	千	百	十	元	角	分	

明细账

总第＿＿页　分第＿＿页

＿＿级科目编号及名称＿＿＿＿

＿＿级科目编号及名称＿＿＿＿

年		凭证		摘要	对方科目	借方金额												贷方金额												借或贷	余额												√
月	日	种类	号数			十	亿	千	百	十	万	千	百	十	元	角	分	十	亿	千	百	十	万	千	百	十	元	角	分		十	亿	千	百	十	万	千	百	十	元	角	分	

明细账

总第＿＿页　分第＿＿页

＿＿级科目编号及名称＿＿＿＿

＿＿级科目编号及名称＿＿＿＿

年		凭证		摘要	对方科目	借方金额												贷方金额												借或贷	余额												√
月	日	种类	号数			十	亿	千	百	十	万	千	百	十	元	角	分	十	亿	千	百	十	万	千	百	十	元	角	分		十	亿	千	百	十	万	千	百	十	元	角	分	

明细账

总第______页　分第______页

______级科目编号及名称______

______级科目编号及名称______

年		凭证		摘要	对方科目	借方金额												贷方金额												借或贷	余额												√
月	日	种类	号数			十	亿	千	百	十	万	千	百	十	元	角	分	十	亿	千	百	十	万	千	百	十	元	角	分		十	亿	千	百	十	万	千	百	十	元	角	分	

明细账

总第______页　分第______页

______级科目编号及名称______

______级科目编号及名称______

年		凭证		摘要	对方科目	借方金额												贷方金额												借或贷	余额												√
月	日	种类	号数			十	亿	千	百	十	万	千	百	十	元	角	分	十	亿	千	百	十	万	千	百	十	元	角	分		十	亿	千	百	十	万	千	百	十	元	角	分	

总第______页　　分第______页

明细账

______级科目编号及名称______________

______级科目编号及名称______________

年		凭证		摘要	对方科目	借方金额												贷方金额												借或贷	余额												√
月	日	种类	号数			十	亿	千	百	十	万	千	百	十	元	角	分	十	亿	千	百	十	万	千	百	十	元	角	分		十	亿	千	百	十	万	千	百	十	元	角	分	

总第______页　　分第______页

明细账

______级科目编号及名称______________

______级科目编号及名称______________

年		凭证		摘要	对方科目	借方金额												贷方金额												借或贷	余额												√
月	日	种类	号数			十	亿	千	百	十	万	千	百	十	元	角	分	十	亿	千	百	十	万	千	百	十	元	角	分		十	亿	千	百	十	万	千	百	十	元	角	分	

明细账

总第______页　　分第______页

______级科目编号及名称______________

______级科目编号及名称______________

年		凭证		摘要	对方科目	借方金额												贷方金额												借或贷	余额												√
月	日	种类	号数			十	亿	千	百	十	万	千	百	十	元	角	分	十	亿	千	百	十	万	千	百	十	元	角	分		十	亿	千	百	十	万	千	百	十	元	角	分	

明细账

总第______页　　分第______页

______级科目编号及名称______________

______级科目编号及名称______________

年		凭证		摘要	对方科目	借方金额												贷方金额												借或贷	余额												√
月	日	种类	号数			十	亿	千	百	十	万	千	百	十	元	角	分	十	亿	千	百	十	万	千	百	十	元	角	分		十	亿	千	百	十	万	千	百	十	元	角	分	

总第______页　　分第______页

______级科目编号及名称______________

______级科目编号及名称______________

明细账

年		凭证		摘要	对方科目	借方金额												贷方金额												借或贷	余额												√
月	日	种类	号数			十	亿	千	百	十	万	千	百	十	元	角	分	十	亿	千	百	十	万	千	百	十	元	角	分		十	亿	千	百	十	万	千	百	十	元	角	分	

总第______页　　分第______页

______级科目编号及名称______________

______级科目编号及名称______________

明细账

年		凭证		摘要	对方科目	借方金额												贷方金额												借或贷	余额												√
月	日	种类	号数			十	亿	千	百	十	万	千	百	十	元	角	分	十	亿	千	百	十	万	千	百	十	元	角	分		十	亿	千	百	十	万	千	百	十	元	角	分	

明细账

总第______页　　分第______页

______级科目编号及名称______________

______级科目编号及名称______________

年		凭证		摘要	对方科目	借方金额												贷方金额												借或贷	余额												√
月	日	种类	号数			十	亿	千	百	十	万	千	百	十	元	角	分	十	亿	千	百	十	万	千	百	十	元	角	分		十	亿	千	百	十	万	千	百	十	元	角	分	

明细账

总第______页　　分第______页

______级科目编号及名称______________

______级科目编号及名称______________

年		凭证		摘要	对方科目	借方金额												贷方金额												借或贷	余额												√
月	日	种类	号数			十	亿	千	百	十	万	千	百	十	元	角	分	十	亿	千	百	十	万	千	百	十	元	角	分		十	亿	千	百	十	万	千	百	十	元	角	分	

明细账

总第______页　分第______页

______级科目编号及名称__________________

______级科目编号及名称__________________

年		凭证		摘要	对方科目	借方金额												贷方金额												借或贷	余额												√
月	日	种类	号数			十	亿	千	百	十	万	千	百	十	元	角	分	十	亿	千	百	十	万	千	百	十	元	角	分		十	亿	千	百	十	万	千	百	十	元	角	分	

明细账

总第______页　分第______页

______级科目编号及名称__________________

______级科目编号及名称__________________

年		凭证		摘要	对方科目	借方金额												贷方金额												借或贷	余额												√
月	日	种类	号数			十	亿	千	百	十	万	千	百	十	元	角	分	十	亿	千	百	十	万	千	百	十	元	角	分		十	亿	千	百	十	万	千	百	十	元	角	分	

明细账

总第＿＿＿页　分第＿＿＿页

＿＿级科目编号及名称＿＿＿＿＿＿

＿＿级科目编号及名称＿＿＿＿＿＿

年		凭证		摘要	对方科目	借方金额												贷方金额												借或贷	余额												√
月	日	种类	号数			十	亿	千	百	十	万	千	百	十	元	角	分	十	亿	千	百	十	万	千	百	十	元	角	分		十	亿	千	百	十	万	千	百	十	元	角	分	

明细账

总第＿＿＿页　分第＿＿＿页

＿＿级科目编号及名称＿＿＿＿＿＿

＿＿级科目编号及名称＿＿＿＿＿＿

年		凭证		摘要	对方科目	借方金额												贷方金额												借或贷	余额												√
月	日	种类	号数			十	亿	千	百	十	万	千	百	十	元	角	分	十	亿	千	百	十	万	千	百	十	元	角	分		十	亿	千	百	十	万	千	百	十	元	角	分	

总第______页　分第______页

______级科目编号及名称______

______级科目编号及名称______

明细账

年		凭证		摘要	对方科目	借方金额												贷方金额												借或贷	余额												√
月	日	种类	号数			十	亿	千	百	十	万	千	百	十	元	角	分	十	亿	千	百	十	万	千	百	十	元	角	分		十	亿	千	百	十	万	千	百	十	元	角	分	

总第______页　分第______页

______级科目编号及名称______

______级科目编号及名称______

明细账

年		凭证		摘要	对方科目	借方金额												贷方金额												借或贷	余额												√
月	日	种类	号数			十	亿	千	百	十	万	千	百	十	元	角	分	十	亿	千	百	十	万	千	百	十	元	角	分		十	亿	千	百	十	万	千	百	十	元	角	分	

总第______页　　分第______页

______级科目编号及名称______________

______级科目编号及名称______________

明细账

年		凭证		摘要	对方科目	借方金额												贷方金额												借或贷	余额												√
月	日	种类	号数			十	亿	千	百	十	万	千	百	十	元	角	分	十	亿	千	百	十	万	千	百	十	元	角	分		十	亿	千	百	十	万	千	百	十	元	角	分	

总第______页　　分第______页

______级科目编号及名称______________

______级科目编号及名称______________

明细账

年		凭证		摘要	对方科目	借方金额												贷方金额												借或贷	余额												√
月	日	种类	号数			十	亿	千	百	十	万	千	百	十	元	角	分	十	亿	千	百	十	万	千	百	十	元	角	分		十	亿	千	百	十	万	千	百	十	元	角	分	

明细账

总第______页　　分第______页

______级科目编号及名称______________

______级科目编号及名称______________

年		凭证		摘要	对方科目	借方金额												贷方金额												借或贷	余额												√
月	日	种类	号数			十	亿	千	百	十	万	千	百	十	元	角	分	十	亿	千	百	十	万	千	百	十	元	角	分		十	亿	千	百	十	万	千	百	十	元	角	分	

明细账

总第______页　　分第______页

______级科目编号及名称______________

______级科目编号及名称______________

年		凭证		摘要	对方科目	借方金额												贷方金额												借或贷	余额												√
月	日	种类	号数			十	亿	千	百	十	万	千	百	十	元	角	分	十	亿	千	百	十	万	千	百	十	元	角	分		十	亿	千	百	十	万	千	百	十	元	角	分	

明细账

总第____页　　分第____页

____级科目编号及名称____

____级科目编号及名称____

年		凭证		摘要	对方科目	借方金额												贷方金额												借或贷	余额												√
月	日	种类	号数			十	亿	千	百	十	万	千	百	十	元	角	分	十	亿	千	百	十	万	千	百	十	元	角	分		十	亿	千	百	十	万	千	百	十	元	角	分	

明细账

总第____页　　分第____页

____级科目编号及名称____

____级科目编号及名称____

年		凭证		摘要	对方科目	借方金额												贷方金额												借或贷	余额												√
月	日	种类	号数			十	亿	千	百	十	万	千	百	十	元	角	分	十	亿	千	百	十	万	千	百	十	元	角	分		十	亿	千	百	十	万	千	百	十	元	角	分	

总第______页　分第______页

____级科目编号及名称________________

____级科目编号及名称________________

明细账

年		凭证		摘要	对方科目	借方金额												贷方金额												借或贷	余额												√
月	日	种类	号数			十	亿	千	百	十	万	千	百	十	元	角	分	十	亿	千	百	十	万	千	百	十	元	角	分		十	亿	千	百	十	万	千	百	十	元	角	分	

总第______页　分第______页

____级科目编号及名称________________

____级科目编号及名称________________

明细账

年		凭证		摘要	对方科目	借方金额												贷方金额												借或贷	余额												√
月	日	种类	号数			十	亿	千	百	十	万	千	百	十	元	角	分	十	亿	千	百	十	万	千	百	十	元	角	分		十	亿	千	百	十	万	千	百	十	元	角	分	

明细账

总第______页　分第______页

____级科目编号及名称____________

____级科目编号及名称____________

年		凭证		摘要	对方科目	借方金额												贷方金额												借或贷	余额												√
月	日	种类	号数			十	亿	千	百	十	万	千	百	十	元	角	分	十	亿	千	百	十	万	千	百	十	元	角	分		十	亿	千	百	十	万	千	百	十	元	角	分	

明细账

总第______页　分第______页

____级科目编号及名称____________

____级科目编号及名称____________

年		凭证		摘要	对方科目	借方金额												贷方金额												借或贷	余额												√
月	日	种类	号数			十	亿	千	百	十	万	千	百	十	元	角	分	十	亿	千	百	十	万	千	百	十	元	角	分		十	亿	千	百	十	万	千	百	十	元	角	分	

明细账

总第______页　　分第______页

______级科目编号及名称______________

______级科目编号及名称______________

年		凭证		摘要	对方科目	借方金额												贷方金额												借或贷	余额												√
月	日	种类	号数			十	亿	千	百	十	万	千	百	十	元	角	分	十	亿	千	百	十	万	千	百	十	元	角	分		十	亿	千	百	十	万	千	百	十	元	角	分	

明细账

总第______页　　分第______页

______级科目编号及名称______________

______级科目编号及名称______________

年		凭证		摘要	对方科目	借方金额												贷方金额												借或贷	余额												√
月	日	种类	号数			十	亿	千	百	十	万	千	百	十	元	角	分	十	亿	千	百	十	万	千	百	十	元	角	分		十	亿	千	百	十	万	千	百	十	元	角	分	

明细账

总第______页　　分第______页

______级科目编号及名称______________

______级科目编号及名称______________

年		凭证		摘要	对方科目	借方金额												贷方金额												借或贷	余额												√
月	日	种类	号数			十	亿	千	百	十	万	千	百	十	元	角	分	十	亿	千	百	十	万	千	百	十	元	角	分		十	亿	千	百	十	万	千	百	十	元	角	分	

明细账

总第______页　　分第______页

______级科目编号及名称______________

______级科目编号及名称______________

年		凭证		摘要	对方科目	借方金额												贷方金额												借或贷	余额												√
月	日	种类	号数			十	亿	千	百	十	万	千	百	十	元	角	分	十	亿	千	百	十	万	千	百	十	元	角	分		十	亿	千	百	十	万	千	百	十	元	角	分	

明细账

总第______页　分第______页

编号名称__________ 存放地点__________ 寄存放地点__________ 计量单位__________ 规格__________ 类别__________

年		凭证字号	摘要	借方													贷方													借或贷	余额												
月	日			数量	单价	金额											数量	单价	金额												数量	单价	金额										
						亿	千	百	十	万	千	百	十	元	角	分			亿	千	百	十	万	千	百	十	元	角	分				亿	千	百	十	万	千	百	十	元	角	分

明细账

总第______页 分第______页

编号名称______ 存放地点______ 寄存放地点______ 计量单位______ 规格______ 类别______

年		凭证字号	摘要	借方													贷方													借或贷	余额												
				数量	单价	金额											数量	单价	金额												数量	单价	金额										
月	日					亿	千	百	十	万	千	百	十	元	角	分			亿	千	百	十	万	千	百	十	元	角	分				亿	千	百	十	万	千	百	十	元	角	分

明细账

总第______页　分第______页

编号名称______ 存放地点______ 寄存放地点______ 计量单位______ 规格______ 类别______

年		凭证字号	摘要	借方													贷方													借或贷	余额												
				数量	单价	金额											数量	单价	金额												数量	单价	金额										
月	日					亿	千	百	十	万	千	百	十	元	角	分			亿	千	百	十	万	千	百	十	元	角	分				亿	千	百	十	万	千	百	十	元	角	分

明细账

总第______页　分第______页

编号名称______　存放地点______　寄存放地点______　计量单位______　规格______　类别______

年		凭证字号	摘要	借方													贷方													借或贷	余额												
				数量	单价	金额											数量	单价	金额												数量	单价	金额										
月	日					亿	千	百	十	万	千	百	十	元	角	分			亿	千	百	十	万	千	百	十	元	角	分				亿	千	百	十	万	千	百	十	元	角	分

明细账

总第______页　分第______页

编号名称______　存放地点______　寄存放地点______　计量单位______　规格______　类别______

年		凭证字号	摘要	借方													贷方													借或贷	余额												
				数量	单价	金额											数量	单价	金额												数量	单价	金额										
月	日					亿	千	百	十	万	千	百	十	元	角	分			亿	千	百	十	万	千	百	十	元	角	分				亿	千	百	十	万	千	百	十	元	角	分

明细账

总第______页　分第______页

编号名称______　存放地点______　寄存放地点______　计量单位______　规格______　类别______

年		凭证字号	摘要	借方													贷方													借或贷	余额												
				数量	单价	金额											数量	单价	金额												数量	单价	金额										
月	日					亿	千	百	十	万	千	百	十	元	角	分			亿	千	百	十	万	千	百	十	元	角	分				亿	千	百	十	万	千	百	十	元	角	分

明细账

总第______页　　分第______页

编号名称__________ 存放地点__________ 寄存放地点__________ 计量单位__________ 规格__________ 类别__________

年		凭证字号	摘要	借方													贷方													借或贷	余额												
				数量	单价	金额											数量	单价	金额												数量	单价	金额										
月	日					亿	千	百	十	万	千	百	十	元	角	分			亿	千	百	十	万	千	百	十	元	角	分				亿	千	百	十	万	千	百	十	元	角	分

明细账

总第____页　分第____页

编号名称________ 存放地点________ 寄存放地点________ 计量单位________ 规格________ 类别________

年		凭证字号	摘要	借方													贷方													借或贷	余额												
				数量	单价	金额											数量	单价	金额												数量	单价	金额										
月	日					亿	千	百	十	万	千	百	十	元	角	分			亿	千	百	十	万	千	百	十	元	角	分				亿	千	百	十	万	千	百	十	元	角	分

明细账

总第______页　　分第______页

编号名称______　存放地点______　寄存放地点______　计量单位______　规格______　类别______

年		凭证字号	摘要	借方													贷方													借或贷	余额												
				数量	单价	金额											数量	单价	金额												数量	单价	金额										
月	日					亿	千	百	十	万	千	百	十	元	角	分			亿	千	百	十	万	千	百	十	元	角	分				亿	千	百	十	万	千	百	十	元	角	分

明细账

总第______页　分第______页

编号名称______　存放地点______　寄存放地点______　计量单位______　规格______　类别______

年		凭证字号	摘要	借方													贷方													借或贷	余额												
				数量	单价	金额											数量	单价	金额												数量	单价	金额										
月	日					亿	千	百	十	万	千	百	十	元	角	分			亿	千	百	十	万	千	百	十	元	角	分				亿	千	百	十	万	千	百	十	元	角	分

明细账

总第______页　分第______页

编号名称__________ 存放地点__________ 寄存放地点__________ 计量单位__________ 规格__________ 类别__________

年		凭证字号	摘要	借方													贷方													借或贷	余额												
				数量	单价	金额											数量	单价	金额												数量	单价	金额										
月	日					亿	千	百	十	万	千	百	十	元	角	分			亿	千	百	十	万	千	百	十	元	角	分				亿	千	百	十	万	千	百	十	元	角	分

明细账

总第______页　分第______页

编号名称______　存放地点______　寄存放地点______　计量单位______　规格______　类别______

年		凭证字号	摘要	借方													贷方													借或贷	余额												
				数量	单价	金额											数量	单价	金额												数量	单价	金额										
月	日					亿	千	百	十	万	千	百	十	元	角	分			亿	千	百	十	万	千	百	十	元	角	分				亿	千	百	十	万	千	百	十	元	角	分

明细账

总第______页　　分第______页

编号名称______ 存放地点______ 寄存放地点______ 计量单位______ 规格______ 类别______

年		凭证字号	摘要	借方													贷方													借或贷	余额												
				数量	单价	金额											数量	单价	金额												数量	单价	金额										
月	日					亿	千	百	十	万	千	百	十	元	角	分			亿	千	百	十	万	千	百	十	元	角	分				亿	千	百	十	万	千	百	十	元	角	分

明细账

总第______页　分第______页

编号名称__________ 存放地点__________ 寄存放地点__________ 计量单位__________ 规格__________ 类别__________

年		凭证字号	摘要	借方													贷方													借或贷	余额												
				数量	单价	金额											数量	单价	金额												数量	单价	金额										
月	日					亿	千	百	十	万	千	百	十	元	角	分			亿	千	百	十	万	千	百	十	元	角	分				亿	千	百	十	万	千	百	十	元	角	分

明细账

总第______页　　分第______页

编号名称______　存放地点______　寄存放地点______　计量单位______　规格______　类别______

年		凭证字号	摘要	借方													贷方													借或贷	余额												
				数量	单价	金额											数量	单价	金额												数量	单价	金额										
月	日					亿	千	百	十	万	千	百	十	元	角	分			亿	千	百	十	万	千	百	十	元	角	分				亿	千	百	十	万	千	百	十	元	角	分

明细账

总第______页　分第______页

编号名称______　存放地点______　寄存放地点______　计量单位______　规格______　类别______

年		凭证字号	摘要	借方													贷方													借或贷	余额												
				数量	单价	金额											数量	单价	金额												数量	单价	金额										
月	日					亿	千	百	十	万	千	百	十	元	角	分			亿	千	百	十	万	千	百	十	元	角	分				亿	千	百	十	万	千	百	十	元	角	分

固定资产明细账

总第______页　　分第______页

类别

停止使用日期					
恢复使用日期					

耐用年限：__________　　使用部门：__________　　固定资产编号：__________

残　　值：__________　　存放地点：__________　　固定资产名称：__________

折旧率每年：______%　每月______%　　厂名型号：__________　　固定资产规格：__________

折旧率每年：______元　每月______元　　始用日期：__________　　固定资产单位：__________

年		凭证字号	摘要	单价	借方											贷方																					余额										
					数量	金额										数量	折旧金额										累计折旧额										数量	金额									
月	日					千	百	十	万	千	百	十	元	角	分		千	百	十	万	千	百	十	元	角	分	千	百	十	万	千	百	十	元	角	分		千	百	十	万	千	百	十	元	角	分

固定资产明细账

总第______页　分第______页

类别

停止使用日期					
恢复使用日期					

耐用年限：______　使用部门：______　固定资产编号：______

残　　值：______　存放地点：______　固定资产名称：______

折旧率每年：____%　每月____%　厂名型号：______　固定资产规格：______

折旧率每年：____元　每月____元　始用日期：______　固定资产单位：______

年		凭证字号	摘要	单价	借方											贷方																					余额										
					数量	金额										数量	折旧金额										累计折旧额										数量	金额									
月	日					千	百	十	万	千	百	十	元	角	分		千	百	十	万	千	百	十	元	角	分	千	百	十	万	千	百	十	元	角	分		千	百	十	万	千	百	十	元	角	分

固定资产明细账

总第______页　分第______页

类别

停止使用日期					
恢复使用日期					

耐用年限：______________　使用部门：______________　固定资产编号：______________

残　　值：______________　存放地点：______________　固定资产名称：______________

折旧率每年：______%　每月______%　厂名型号：______________　固定资产规格：______________

折旧率每年：______元　每月______元　始用日期：______________　固定资产单位：______________

年		凭证字号	摘要	单价	借方											贷方																					余额										
					数量	金额										数量	折旧金额										累计折旧额										数量	金额									
月	日					千	百	十	万	千	百	十	元	角	分		千	百	十	万	千	百	十	元	角	分	千	百	十	万	千	百	十	元	角	分		千	百	十	万	千	百	十	元	角	分

固定资产明细账

总第______页　分第______页

类别

停止使用日期					
恢复使用日期					

耐用年限：______________　使用部门：______________　固定资产编号：______________

残　　值：______________　存放地点：______________　固定资产名称：______________

折旧率每年：______%　每月______%　厂名型号：______________　固定资产规格：______________

折旧率每年：______元　每月______元　始用日期：______________　固定资产单位：______________

年		凭证字号	摘要	单价	借方											贷方																					余额										
月	日				数量	金额										数量	折旧金额										累计折旧额										数量	金额									
						千	百	十	万	千	百	十	元	角	分		千	百	十	万	千	百	十	元	角	分	千	百	十	万	千	百	十	元	角	分		千	百	十	万	千	百	十	元	角	分

固定资产明细账

总第______页　分第______页

类别

停止使用日期					
恢复使用日期					

耐用年限：______　使用部门：______　固定资产编号：______

残　　值：______　存放地点：______　固定资产名称：______

折旧率每年：______%　每月______%　厂名型号：______　固定资产规格：______

折旧率每年：______元　每月______元　始用日期：______　固定资产单位：______

年		凭证字号	摘要	单价	借方											贷方																					余额										
					数量	金额										数量	折旧金额										累计折旧额										数量	金额									
月	日					千	百	十	万	千	百	十	元	角	分		千	百	十	万	千	百	十	元	角	分	千	百	十	万	千	百	十	元	角	分		千	百	十	万	千	百	十	元	角	分

固定资产明细账

总第______页　　分第______页

类别

停止使用日期					
恢复使用日期					

耐用年限：______　　使用部门：______　　固定资产编号：______

残　　值：______　　存放地点：______　　固定资产名称：______

折旧率每年：______%　每月______%　　厂名型号：______　　固定资产规格：______

折旧率每年：______元　每月______元　　始用日期：______　　固定资产单位：______

年		凭证字号	摘要	单价	借方											贷方																					余额										
					数量	金额										数量	折旧金额										累计折旧额										数量	金额									
月	日					千	百	十	万	千	百	十	元	角	分		千	百	十	万	千	百	十	元	角	分	千	百	十	万	千	百	十	元	角	分		千	百	十	万	千	百	十	元	角	分

固定资产明细账

总第______页　分第______页

类别

停止使用日期					
恢复使用日期					

耐用年限：__________　使用部门：__________　固定资产编号：__________

残　　值：__________　存放地点：__________　固定资产名称：__________

折旧率每年：______%　每月______%　厂名型号：__________　固定资产规格：__________

折旧率每年：______元　每月______元　始用日期：__________　固定资产单位：__________

年		凭证字号	摘要	单价	借方											贷方																					余额										
					数量	金额										数量	折旧金额										累计折旧额										数量	金额									
月	日					千	百	十	万	千	百	十	元	角	分		千	百	十	万	千	百	十	元	角	分	千	百	十	万	千	百	十	元	角	分		千	百	十	万	千	百	十	元	角	分

固定资产明细账

总第______页　　分第______页

类别

停止使用日期					
恢复使用日期					

耐用年限：________________　　使用部门：________________　　固定资产编号：________________

残　　值：________________　　存放地点：________________　　固定资产名称：________________

折旧率每年：______%　每月______%　　厂名型号：________________　　固定资产规格：________________

折旧率每年：______元　每月______元　　始用日期：________________　　固定资产单位：________________

年		凭证字号	摘要	单价	借方											贷方																					余额										
					数量	金额										数量	折旧金额										累计折旧额										数量	金额									
月	日					千	百	十	万	千	百	十	元	角	分		千	百	十	万	千	百	十	元	角	分	千	百	十	万	千	百	十	元	角	分		千	百	十	万	千	百	十	元	角	分

固定资产明细账

总第______页　分第______页

类别

停止使用日期					
恢复使用日期					

耐用年限：__________　使用部门：__________　固定资产编号：__________

残　　值：__________　存放地点：__________　固定资产名称：__________

折旧率每年：______%　每月______%　厂名型号：__________　固定资产规格：__________

折旧率每年：______元　每月______元　始用日期：__________　固定资产单位：__________

<table>
<tr><th colspan="2">年</th><th rowspan="3">凭证字号</th><th rowspan="3">摘要</th><th rowspan="3">单价</th><th colspan="11">借方</th><th colspan="21">贷方</th><th colspan="11">余额</th></tr>
<tr><th rowspan="2">月</th><th rowspan="2">日</th><th rowspan="2">数量</th><th colspan="10">金额</th><th rowspan="2">数量</th><th colspan="10">折旧金额</th><th colspan="10">累计折旧额</th><th rowspan="2">数量</th><th colspan="10">金额</th></tr>
<tr><th>千</th><th>百</th><th>十</th><th>万</th><th>千</th><th>百</th><th>十</th><th>元</th><th>角</th><th>分</th><th>千</th><th>百</th><th>十</th><th>万</th><th>千</th><th>百</th><th>十</th><th>元</th><th>角</th><th>分</th><th>千</th><th>百</th><th>十</th><th>万</th><th>千</th><th>百</th><th>十</th><th>元</th><th>角</th><th>分</th><th>千</th><th>百</th><th>十</th><th>万</th><th>千</th><th>百</th><th>十</th><th>元</th><th>角</th><th>分</th></tr>
</table>

固定资产明细账

总第______页　分第______页

类别

停止使用日期					
恢复使用日期					

耐用年限：______　使用部门：______　固定资产编号：______

残　　值：______　存放地点：______　固定资产名称：______

折旧率每年：______%　每月______%　厂名型号：______　固定资产规格：______

折旧率每年：______元　每月______元　始用日期：______　固定资产单位：______

年		凭证字号	摘要	单价	借方		贷方			余额	
月	日				数量	金额	数量	折旧金额	累计折旧额	数量	金额
						千百十万千百十元角分		千百十万千百十元角分	千百十万千百十元角分		千百十万千百十元角分

固定资产明细账

总第______页　　分第______页

类别

停止使用日期					
恢复使用日期					

耐用年限：________________　　使用部门：________________　　固定资产编号：________________

残　　值：________________　　存放地点：________________　　固定资产名称：________________

折旧率每年：______%　每月______%　　厂名型号：________________　　固定资产规格：________________

折旧率每年：______元　每月______元　　始用日期：________________　　固定资产单位：________________

年		凭证字号	摘要	单价	借方											贷方																					余额										
					数量	金额										数量	折旧金额										累计折旧额										数量	金额									
月	日					千	百	十	万	千	百	十	元	角	分		千	百	十	万	千	百	十	元	角	分	千	百	十	万	千	百	十	元	角	分		千	百	十	万	千	百	十	元	角	分

应交税费－应交

总第______页　　分第______页

______级科目编号及名称____________________

______级科目编号及名称____________________

年		凭证		摘要	借方					
					进项税额	已交税金	销项税额抵减	减免税款	转出未交增值税	合计
月	日	种类	号数		千百十万千百十元角分	千百十万千百十元角分	千百十万千百十元角分	千百十万千百十元角分	千百十万千百十元角分	亿千百十万千百十元角分

增值税明细账

总第______页　　分第______页

______级科目编号及名称__________________

______级科目编号及名称__________________

<table>
<tr><th colspan="51">贷方</th><th rowspan="3">借或贷</th><th colspan="11" rowspan="2">余额</th></tr>
<tr><th colspan="10">销项税额</th><th colspan="10">出口退税</th><th colspan="10">进项税额转出</th><th colspan="10">转出多交增值税</th><th colspan="11">合计</th></tr>
<tr><th>千</th><th>百</th><th>十</th><th>万</th><th>千</th><th>百</th><th>十</th><th>元</th><th>角</th><th>分</th><th>千</th><th>百</th><th>十</th><th>万</th><th>千</th><th>百</th><th>十</th><th>元</th><th>角</th><th>分</th><th>千</th><th>百</th><th>十</th><th>万</th><th>千</th><th>百</th><th>十</th><th>元</th><th>角</th><th>分</th><th>千</th><th>百</th><th>十</th><th>万</th><th>千</th><th>百</th><th>十</th><th>元</th><th>角</th><th>分</th><th>亿</th><th>千</th><th>百</th><th>十</th><th>万</th><th>千</th><th>百</th><th>十</th><th>元</th><th>角</th><th>分</th><th>亿</th><th>千</th><th>百</th><th>十</th><th>万</th><th>千</th><th>百</th><th>十</th><th>元</th><th>角</th><th>分</th></tr>
</table>

总第____页 分第____页

____级科目编号及名称____________

____级科目编号及名称____________

应交税费－应交

年		凭证		摘要	借方					
					进项税额	已交税金	销项税额抵减	减免税款	转出未交增值税	合计
月	日	种类	号数		千百十万千百十元角分	千百十万千百十元角分	千百十万千百十元角分	千百十万千百十元角分	千百十万千百十元角分	亿千百十万千百十元角分

增值税明细账

总第______页　　分第______页

______级科目编号及名称__________________

______级科目编号及名称__________________

贷方																																																			借或贷	余额										
销项税额										出口退税										进项税额转出										转出多交增值税										合计																						
千	百	十	万	千	百	十	元	角	分	千	百	十	万	千	百	十	元	角	分	千	百	十	万	千	百	十	元	角	分	千	百	十	万	千	百	十	元	角	分	亿	千	百	十	万	千	百	十	元	角	分		亿	千	百	十	万	千	百	十	元	角	分

年		凭证号数	摘要	借方									贷方									借或贷	余额																																				
月	日			百	十	万	千	百	十	元	角	分	百	十	万	千	百	十	元	角	分		百	十	万	千	百	十	元	角	分	百	十	万	千	百	十	元	角	分	百	十	万	千	百	十	元	角	分	百	十	万	千	百	十	元	角	分

总第______页　　分第______页

______级科目编号及名称______________

______级科目编号及名称______________

百	十	万	千	百	十	元	角	分	百	十	万	千	百	十	元	角	分	百	十	万	千	百	十	元	角	分	百	十	万	千	百	十	元	角	分	百	十	万	千	百	十	元	角	分	百	十	万	千	百	十	元	角	分	百	十	万	千	百	十	元	角	分	百	十	万	千	百	十	元	角	分	百	十	万	千	百	十	元	角	分	百	十	万	千	百	十	元	角	分

年		凭证号数	摘要	借方									贷方									借或贷	余额																																					
月	日			百	十	万	千	百	十	元	角	分	百	十	万	千	百	十	元	角	分		百	十	万	千	百	十	元	角	分	百	十	万	千	百	十	元	角	分	百	十	万	千	百	十	元	角	分	百	十	万	千	百	十	元	角	分

总第______页　　分第______页

______级科目编号及名称________________

______级科目编号及名称________________

百	十	万	千	百	十	元	角	分	百	十	万	千	百	十	元	角	分	百	十	万	千	百	十	元	角	分	百	十	万	千	百	十	元	角	分	百	十	万	千	百	十	元	角	分	百	十	万	千	百	十	元	角	分	百	十	万	千	百	十	元	角	分	百	十	万	千	百	十	元	角	分	百	十	万	千	百	十	元	角	分	百	十	万	千	百	十	元	角	分

年		凭证号数	摘要	借方									贷方									借或贷	余额																																						
月	日			百	十	万	千	百	十	元	角	分	百	十	万	千	百	十	元	角	分		百	十	万	千	百	十	元	角	分	百	十	万	千	百	十	元	角	分	百	十	万	千	百	十	元	角	分	百	十	万	千	百	十	元	角	分

总第______页　分第______页

______级科目编号及名称______________

______级科目编号及名称______________

百	十	万	千	百	十	元	角	分	百	十	万	千	百	十	元	角	分	百	十	万	千	百	十	元	角	分	百	十	万	千	百	十	元	角	分	百	十	万	千	百	十	元	角	分	百	十	万	千	百	十	元	角	分	百	十	万	千	百	十	元	角	分	百	十	万	千	百	十	元	角	分	百	十	万	千	百	十	元	角	分	百	十	万	千	百	十	元	角	分

年		凭证号数	摘要	借方									贷方									借或贷	余额																																					
月	日			百	十	万	千	百	十	元	角	分	百	十	万	千	百	十	元	角	分		百	十	万	千	百	十	元	角	分	百	十	万	千	百	十	元	角	分	百	十	万	千	百	十	元	角	分	百	十	万	千	百	十	元	角	分

总第______页　　分第______页

______级科目编号及名称______________

______级科目编号及名称______________

百	十	万	千	百	十	元	角	分	百	十	万	千	百	十	元	角	分	百	十	万	千	百	十	元	角	分	百	十	万	千	百	十	元	角	分	百	十	万	千	百	十	元	角	分	百	十	万	千	百	十	元	角	分	百	十	万	千	百	十	元	角	分	百	十	万	千	百	十	元	角	分	百	十	万	千	百	十	元	角	分	百	十	万	千	百	十	元	角	分

年		凭证号数	摘要	借方									贷方									借或贷	余额																																					
月	日			百	十	万	千	百	十	元	角	分	百	十	万	千	百	十	元	角	分		百	十	万	千	百	十	元	角	分	百	十	万	千	百	十	元	角	分	百	十	万	千	百	十	元	角	分	百	十	万	千	百	十	元	角	分

总第______页　　分第______页

______级科目编号及名称______________

______级科目编号及名称______________

百	十	万	千	百	十	元	角	分	百	十	万	千	百	十	元	角	分	百	十	万	千	百	十	元	角	分	百	十	万	千	百	十	元	角	分	百	十	万	千	百	十	元	角	分	百	十	万	千	百	十	元	角	分	百	十	万	千	百	十	元	角	分	百	十	万	千	百	十	元	角	分	百	十	万	千	百	十	元	角	分	百	十	万	千	百	十	元	角	分

年		凭证号数	摘要	借方									贷方									借或贷	余额																																			
月	日			百	十	万	千	百	十	元	角	分	百	十	万	千	百	十	元	角	分		百	十	万	千	百	十	元	角	分	百	十	万	千	百	十	元	角	分	百	十	万	千	百	十	元	角	分	百	十	万	千	百	十	元	角	分

总第______页　　分第______页

______级科目编号及名称____________________

______级科目编号及名称____________________

百	十	万	千	百	十	元	角	分	百	十	万	千	百	十	元	角	分	百	十	万	千	百	十	元	角	分	百	十	万	千	百	十	元	角	分	百	十	万	千	百	十	元	角	分	百	十	万	千	百	十	元	角	分	百	十	万	千	百	十	元	角	分	百	十	万	千	百	十	元	角	分	百	十	万	千	百	十	元	角	分	百	十	万	千	百	十	元	角	分

<table>
<tr><th colspan="2">年</th><th rowspan="2">凭证号数</th><th rowspan="2">摘　　要</th><th colspan="9">借　　方</th><th colspan="9">贷　　方</th><th rowspan="2">借或贷</th><th colspan="9">余　　额</th><th colspan="9"></th><th colspan="9"></th><th colspan="9"></th></tr>
<tr><th>月</th><th>日</th><th>百</th><th>十</th><th>万</th><th>千</th><th>百</th><th>十</th><th>元</th><th>角</th><th>分</th><th>百</th><th>十</th><th>万</th><th>千</th><th>百</th><th>十</th><th>元</th><th>角</th><th>分</th><th>百</th><th>十</th><th>万</th><th>千</th><th>百</th><th>十</th><th>元</th><th>角</th><th>分</th><th>百</th><th>十</th><th>万</th><th>千</th><th>百</th><th>十</th><th>元</th><th>角</th><th>分</th><th>百</th><th>十</th><th>万</th><th>千</th><th>百</th><th>十</th><th>元</th><th>角</th><th>分</th><th>百</th><th>十</th><th>万</th><th>千</th><th>百</th><th>十</th><th>元</th><th>角</th><th>分</th></tr>
</table>

总第______页　　分第______页

______级科目编号及名称__________________

______级科目编号及名称__________________

百十万千百十元角分	百十万千百十元角分	百十万千百十元角分	百十万千百十元角分	百十万千百十元角分	百十万千百十元角分	百十万千百十元角分	百十万千百十元角分	百十万千百十元角分	百十万千百十元角分

年		凭证号数	摘要	借方									贷方									借或贷	余额																																					
月	日			百	十	万	千	百	十	元	角	分	百	十	万	千	百	十	元	角	分		百	十	万	千	百	十	元	角	分	百	十	万	千	百	十	元	角	分	百	十	万	千	百	十	元	角	分	百	十	万	千	百	十	元	角	分

总第______页　　分第______页

______级科目编号及名称______

______级科目编号及名称______

百	十	万	千	百	十	元	角	分	百	十	万	千	百	十	元	角	分	百	十	万	千	百	十	元	角	分	百	十	万	千	百	十	元	角	分	百	十	万	千	百	十	元	角	分	百	十	万	千	百	十	元	角	分	百	十	万	千	百	十	元	角	分	百	十	万	千	百	十	元	角	分	百	十	万	千	百	十	元	角	分	百	十	万	千	百	十	元	角	分

年		凭证号数	摘要	借方									贷方									借或贷	余额																																			
月	日			百	十	万	千	百	十	元	角	分	百	十	万	千	百	十	元	角	分		百	十	万	千	百	十	元	角	分	百	十	万	千	百	十	元	角	分	百	十	万	千	百	十	元	角	分	百	十	万	千	百	十	元	角	分

总第______页　　分第______页

______级科目编号及名称______________

______级科目编号及名称______________

百	十	万	千	百	十	元	角	分	百	十	万	千	百	十	元	角	分	百	十	万	千	百	十	元	角	分	百	十	万	千	百	十	元	角	分	百	十	万	千	百	十	元	角	分	百	十	万	千	百	十	元	角	分	百	十	万	千	百	十	元	角	分	百	十	万	千	百	十	元	角	分	百	十	万	千	百	十	元	角	分	百	十	万	千	百	十	元	角	分

年		凭证号数	摘要	借方									贷方									借或贷	余额																																				
月	日			百	十	万	千	百	十	元	角	分	百	十	万	千	百	十	元	角	分		百	十	万	千	百	十	元	角	分	百	十	万	千	百	十	元	角	分	百	十	万	千	百	十	元	角	分	百	十	万	千	百	十	元	角	分

总第______页　分第______页

______级科目编号及名称______________

______级科目编号及名称______________

百	十	万	千	百	十	元	角	分	百	十	万	千	百	十	元	角	分	百	十	万	千	百	十	元	角	分	百	十	万	千	百	十	元	角	分	百	十	万	千	百	十	元	角	分	百	十	万	千	百	十	元	角	分	百	十	万	千	百	十	元	角	分	百	十	万	千	百	十	元	角	分	百	十	万	千	百	十	元	角	分	百	十	万	千	百	十	元	角	分

年		凭证号数	摘要	借方									贷方									借或贷	余额																																			
月	日			百	十	万	千	百	十	元	角	分	百	十	万	千	百	十	元	角	分		百	十	万	千	百	十	元	角	分	百	十	万	千	百	十	元	角	分	百	十	万	千	百	十	元	角	分	百	十	万	千	百	十	元	角	分

总第______页 分第______页

______级科目编号及名称____________________

______级科目编号及名称____________________

百	十	万	千	百	十	元	角	分	百	十	万	千	百	十	元	角	分	百	十	万	千	百	十	元	角	分	百	十	万	千	百	十	元	角	分	百	十	万	千	百	十	元	角	分	百	十	万	千	百	十	元	角	分	百	十	万	千	百	十	元	角	分	百	十	万	千	百	十	元	角	分	百	十	万	千	百	十	元	角	分	百	十	万	千	百	十	元	角	分

年		凭证号数	摘要	借方									贷方									借或贷	余额																																					
月	日			百	十	万	千	百	十	元	角	分	百	十	万	千	百	十	元	角	分		百	十	万	千	百	十	元	角	分	百	十	万	千	百	十	元	角	分	百	十	万	千	百	十	元	角	分	百	十	万	千	百	十	元	角	分

总第______页　　分第______页

______级科目编号及名称______________

______级科目编号及名称______________

百	十	万	千	百	十	元	角	分	百	十	万	千	百	十	元	角	分	百	十	万	千	百	十	元	角	分	百	十	万	千	百	十	元	角	分	百	十	万	千	百	十	元	角	分	百	十	万	千	百	十	元	角	分	百	十	万	千	百	十	元	角	分	百	十	万	千	百	十	元	角	分	百	十	万	千	百	十	元	角	分	百	十	万	千	百	十	元	角	分

<table>
<tr><th colspan="2">年</th><th rowspan="2">凭证号数</th><th rowspan="2">摘要</th><th colspan="9">借方</th><th colspan="9">贷方</th><th rowspan="2">借或贷</th><th colspan="9">余额</th><th colspan="9"></th><th colspan="9"></th><th colspan="9"></th></tr>
<tr><th>月</th><th>日</th><th>百</th><th>十</th><th>万</th><th>千</th><th>百</th><th>十</th><th>元</th><th>角</th><th>分</th><th>百</th><th>十</th><th>万</th><th>千</th><th>百</th><th>十</th><th>元</th><th>角</th><th>分</th><th>百</th><th>十</th><th>万</th><th>千</th><th>百</th><th>十</th><th>元</th><th>角</th><th>分</th><th>百</th><th>十</th><th>万</th><th>千</th><th>百</th><th>十</th><th>元</th><th>角</th><th>分</th><th>百</th><th>十</th><th>万</th><th>千</th><th>百</th><th>十</th><th>元</th><th>角</th><th>分</th><th>百</th><th>十</th><th>万</th><th>千</th><th>百</th><th>十</th><th>元</th><th>角</th><th>分</th></tr>
</table>

总第______页　分第______页

______级科目编号及名称______________

______级科目编号及名称______________

百	十	万	千	百	十	元	角	分	百	十	万	千	百	十	元	角	分	百	十	万	千	百	十	元	角	分	百	十	万	千	百	十	元	角	分	百	十	万	千	百	十	元	角	分	百	十	万	千	百	十	元	角	分	百	十	万	千	百	十	元	角	分	百	十	万	千	百	十	元	角	分	百	十	万	千	百	十	元	角	分	百	十	万	千	百	十	元	角	分

年		凭证号数	摘要	借方									贷方									借或贷	余额																																			
月	日			百	十	万	千	百	十	元	角	分	百	十	万	千	百	十	元	角	分		百	十	万	千	百	十	元	角	分	百	十	万	千	百	十	元	角	分	百	十	万	千	百	十	元	角	分	百	十	万	千	百	十	元	角	分

总第______页　　分第______页

______级科目编号及名称______________

______级科目编号及名称______________

百	十	万	千	百	十	元	角	分	百	十	万	千	百	十	元	角	分	百	十	万	千	百	十	元	角	分	百	十	万	千	百	十	元	角	分	百	十	万	千	百	十	元	角	分	百	十	万	千	百	十	元	角	分	百	十	万	千	百	十	元	角	分	百	十	万	千	百	十	元	角	分	百	十	万	千	百	十	元	角	分	百	十	万	千	百	十	元	角	分

年		凭证号数	摘要	借方									贷方									借或贷	余额																																				
月	日			百	十	万	千	百	十	元	角	分	百	十	万	千	百	十	元	角	分		百	十	万	千	百	十	元	角	分	百	十	万	千	百	十	元	角	分	百	十	万	千	百	十	元	角	分	百	十	万	千	百	十	元	角	分

总第______页　分第______页

______级科目编号及名称______________

______级科目编号及名称______________

百	十	万	千	百	十	元	角	分	百	十	万	千	百	十	元	角	分	百	十	万	千	百	十	元	角	分	百	十	万	千	百	十	元	角	分	百	十	万	千	百	十	元	角	分	百	十	万	千	百	十	元	角	分	百	十	万	千	百	十	元	角	分	百	十	万	千	百	十	元	角	分	百	十	万	千	百	十	元	角	分	百	十	万	千	百	十	元	角	分

年		凭证号数	摘要	借方									贷方									借或贷	余额																																		
月	日			百	十	万	千	百	十	元	角	分	百	十	万	千	百	十	元	角	分		百	十	万	千	百	十	元	角	分	百	十	万	千	百	十	元	角	分	百	十	万	千	百	十	元	角	分	百	十	万	千	百	十	元	角	分

总第______页　　分第______页

______级科目编号及名称______________

______级科目编号及名称______________

百	十	万	千	百	十	元	角	分	百	十	万	千	百	十	元	角	分	百	十	万	千	百	十	元	角	分	百	十	万	千	百	十	元	角	分	百	十	万	千	百	十	元	角	分	百	十	万	千	百	十	元	角	分	百	十	万	千	百	十	元	角	分	百	十	万	千	百	十	元	角	分	百	十	万	千	百	十	元	角	分	百	十	万	千	百	十	元	角	分

年		凭证号数	摘要	借方									贷方									借或贷	余额																																				
月	日			百	十	万	千	百	十	元	角	分	百	十	万	千	百	十	元	角	分		百	十	万	千	百	十	元	角	分	百	十	万	千	百	十	元	角	分	百	十	万	千	百	十	元	角	分	百	十	万	千	百	十	元	角	分

总第______页　　分第______页

______级科目编号及名称__________________

______级科目编号及名称__________________

百	十	万	千	百	十	元	角	分	百	十	万	千	百	十	元	角	分	百	十	万	千	百	十	元	角	分	百	十	万	千	百	十	元	角	分	百	十	万	千	百	十	元	角	分	百	十	万	千	百	十	元	角	分	百	十	万	千	百	十	元	角	分	百	十	万	千	百	十	元	角	分	百	十	万	千	百	十	元	角	分	百	十	万	千	百	十	元	角	分

年		凭证号数	摘要	借方									贷方									借或贷	余额																																					
月	日			百	十	万	千	百	十	元	角	分	百	十	万	千	百	十	元	角	分		百	十	万	千	百	十	元	角	分	百	十	万	千	百	十	元	角	分	百	十	万	千	百	十	元	角	分	百	十	万	千	百	十	元	角	分

总第______页　　分第______页

______级科目编号及名称______________

______级科目编号及名称______________

百	十	万	千	百	十	元	角	分	百	十	万	千	百	十	元	角	分	百	十	万	千	百	十	元	角	分	百	十	万	千	百	十	元	角	分	百	十	万	千	百	十	元	角	分	百	十	万	千	百	十	元	角	分	百	十	万	千	百	十	元	角	分	百	十	万	千	百	十	元	角	分	百	十	万	千	百	十	元	角	分	百	十	万	千	百	十	元	角	分

年		凭证号数	摘要	借方									贷方									借或贷	余额																																					
月	日			百	十	万	千	百	十	元	角	分	百	十	万	千	百	十	元	角	分		百	十	万	千	百	十	元	角	分	百	十	万	千	百	十	元	角	分	百	十	万	千	百	十	元	角	分	百	十	万	千	百	十	元	角	分

总第______页　分第______页

______级科目编号及名称______________

______级科目编号及名称______________

百	十	万	千	百	十	元	角	分	百	十	万	千	百	十	元	角	分	百	十	万	千	百	十	元	角	分	百	十	万	千	百	十	元	角	分	百	十	万	千	百	十	元	角	分	百	十	万	千	百	十	元	角	分	百	十	万	千	百	十	元	角	分	百	十	万	千	百	十	元	角	分	百	十	万	千	百	十	元	角	分	百	十	万	千	百	十	元	角	分

年		凭证号数	摘要	借方									贷方									借或贷	余额																																					
月	日			百	十	万	千	百	十	元	角	分	百	十	万	千	百	十	元	角	分		百	十	万	千	百	十	元	角	分	百	十	万	千	百	十	元	角	分	百	十	万	千	百	十	元	角	分	百	十	万	千	百	十	元	角	分

总第______页　　分第______页

______级科目编号及名称______________

______级科目编号及名称______________

百	十	万	千	百	十	元	角	分	百	十	万	千	百	十	元	角	分	百	十	万	千	百	十	元	角	分	百	十	万	千	百	十	元	角	分	百	十	万	千	百	十	元	角	分	百	十	万	千	百	十	元	角	分	百	十	万	千	百	十	元	角	分	百	十	万	千	百	十	元	角	分	百	十	万	千	百	十	元	角	分	百	十	万	千	百	十	元	角	分

年		凭证号数	摘要	借方									贷方									借或贷	余额																																			
月	日			百	十	万	千	百	十	元	角	分	百	十	万	千	百	十	元	角	分		百	十	万	千	百	十	元	角	分	百	十	万	千	百	十	元	角	分	百	十	万	千	百	十	元	角	分	百	十	万	千	百	十	元	角	分

总第______页　　分第______页

______级科目编号及名称__________________

______级科目编号及名称__________________

百	十	万	千	百	十	元	角	分	百	十	万	千	百	十	元	角	分	百	十	万	千	百	十	元	角	分	百	十	万	千	百	十	元	角	分	百	十	万	千	百	十	元	角	分	百	十	万	千	百	十	元	角	分	百	十	万	千	百	十	元	角	分	百	十	万	千	百	十	元	角	分	百	十	万	千	百	十	元	角	分	百	十	万	千	百	十	元	角	分

年		凭证号数	摘要	借方									贷方									借或贷	余额																																		
月	日			百	十	万	千	百	十	元	角	分	百	十	万	千	百	十	元	角	分		百	十	万	千	百	十	元	角	分	百	十	万	千	百	十	元	角	分	百	十	万	千	百	十	元	角	分	百	十	万	千	百	十	元	角	分

总第______页　　分第______页

______级科目编号及名称______________

______级科目编号及名称______________

百	十	万	千	百	十	元	角	分	百	十	万	千	百	十	元	角	分	百	十	万	千	百	十	元	角	分	百	十	万	千	百	十	元	角	分	百	十	万	千	百	十	元	角	分	百	十	万	千	百	十	元	角	分	百	十	万	千	百	十	元	角	分	百	十	万	千	百	十	元	角	分	百	十	万	千	百	十	元	角	分	百	十	万	千	百	十	元	角	分

年		凭证号数	摘要	借方									贷方									借或贷	余额																																				
月	日			百	十	万	千	百	十	元	角	分	百	十	万	千	百	十	元	角	分		百	十	万	千	百	十	元	角	分	百	十	万	千	百	十	元	角	分	百	十	万	千	百	十	元	角	分	百	十	万	千	百	十	元	角	分

总第______页　　分第______页

______级科目编号及名称______________

______级科目编号及名称______________

百	十	万	千	百	十	元	角	分	百	十	万	千	百	十	元	角	分	百	十	万	千	百	十	元	角	分	百	十	万	千	百	十	元	角	分	百	十	万	千	百	十	元	角	分	百	十	万	千	百	十	元	角	分	百	十	万	千	百	十	元	角	分	百	十	万	千	百	十	元	角	分	百	十	万	千	百	十	元	角	分	百	十	万	千	百	十	元	角	分

年		凭证号数	摘要	借方									贷方									借或贷	余额																																					
月	日			百	十	万	千	百	十	元	角	分	百	十	万	千	百	十	元	角	分		百	十	万	千	百	十	元	角	分	百	十	万	千	百	十	元	角	分	百	十	万	千	百	十	元	角	分	百	十	万	千	百	十	元	角	分

总第______页　　分第______页

______级科目编号及名称______________

______级科目编号及名称______________

百	十	万	千	百	十	元	角	分	百	十	万	千	百	十	元	角	分	百	十	万	千	百	十	元	角	分	百	十	万	千	百	十	元	角	分	百	十	万	千	百	十	元	角	分	百	十	万	千	百	十	元	角	分	百	十	万	千	百	十	元	角	分	百	十	万	千	百	十	元	角	分	百	十	万	千	百	十	元	角	分	百	十	万	千	百	十	元	角	分

年		凭证号数	摘要	借方									贷方									借或贷	余额																																	
月	日			百	十	万	千	百	十	元	角	分	百	十	万	千	百	十	元	角	分		百	十	万	千	百	十	元	角	分	百	十	万	千	百	十	元	角	分	百	十	万	千	百	十	元	角	分	百	十	万	千	百	十	元	角	分

总第______页　　分第______页

______级科目编号及名称______________

______级科目编号及名称______________

百十万千百十元角分	百十万千百十元角分	百十万千百十元角分	百十万千百十元角分	百十万千百十元角分	百十万千百十元角分	百十万千百十元角分	百十万千百十元角分	百十万千百十元角分	百十万千百十元角分

年		凭证号数	摘要	借方									贷方									借或贷	余额																																				
月	日			百	十	万	千	百	十	元	角	分	百	十	万	千	百	十	元	角	分		百	十	万	千	百	十	元	角	分	百	十	万	千	百	十	元	角	分	百	十	万	千	百	十	元	角	分	百	十	万	千	百	十	元	角	分

总第______页　　分第______页

______级科目编号及名称______________

______级科目编号及名称______________

百十万千百十元角分	百十万千百十元角分	百十万千百十元角分	百十万千百十元角分	百十万千百十元角分	百十万千百十元角分	百十万千百十元角分	百十万千百十元角分	百十万千百十元角分	百十万千百十元角分

总分类账

第＿＿＿＿页

年		凭证		摘要	借方金额												贷方金额												借或贷	余额												√
月	日	种类	号数		千	亿	千	百	十	万	千	百	十	元	角	分	千	亿	千	百	十	万	千	百	十	元	角	分		千	亿	千	百	十	万	千	百	十	元	角	分	

总分类账

第＿＿＿＿页

年		凭证		摘要	借方金额												贷方金额												借或贷	余额												√
月	日	种类	号数		千	亿	千	百	十	万	千	百	十	元	角	分	千	亿	千	百	十	万	千	百	十	元	角	分		千	亿	千	百	十	万	千	百	十	元	角	分	

总分类账

第______页

年		凭证		摘要	借方金额												贷方金额												借或贷	余额												√
月	日	种类	号数		千	亿	千	百	十	万	千	百	十	元	角	分	千	亿	千	百	十	万	千	百	十	元	角	分		千	亿	千	百	十	万	千	百	十	元	角	分	

总分类账

第______页

年		凭证		摘要	借方金额												贷方金额												借或贷	余额												√
月	日	种类	号数		千	亿	千	百	十	万	千	百	十	元	角	分	千	亿	千	百	十	万	千	百	十	元	角	分		千	亿	千	百	十	万	千	百	十	元	角	分	

总分类账

第______页

年		凭证		摘要	借方金额												贷方金额												借或贷	余额												√
月	日	种类	号数		千	亿	千	百	十	万	千	百	十	元	角	分	千	亿	千	百	十	万	千	百	十	元	角	分		千	亿	千	百	十	万	千	百	十	元	角	分	

总分类账

第______页

年		凭证		摘要	借方金额												贷方金额												借或贷	余额												√
月	日	种类	号数		千	亿	千	百	十	万	千	百	十	元	角	分	千	亿	千	百	十	万	千	百	十	元	角	分		千	亿	千	百	十	万	千	百	十	元	角	分	

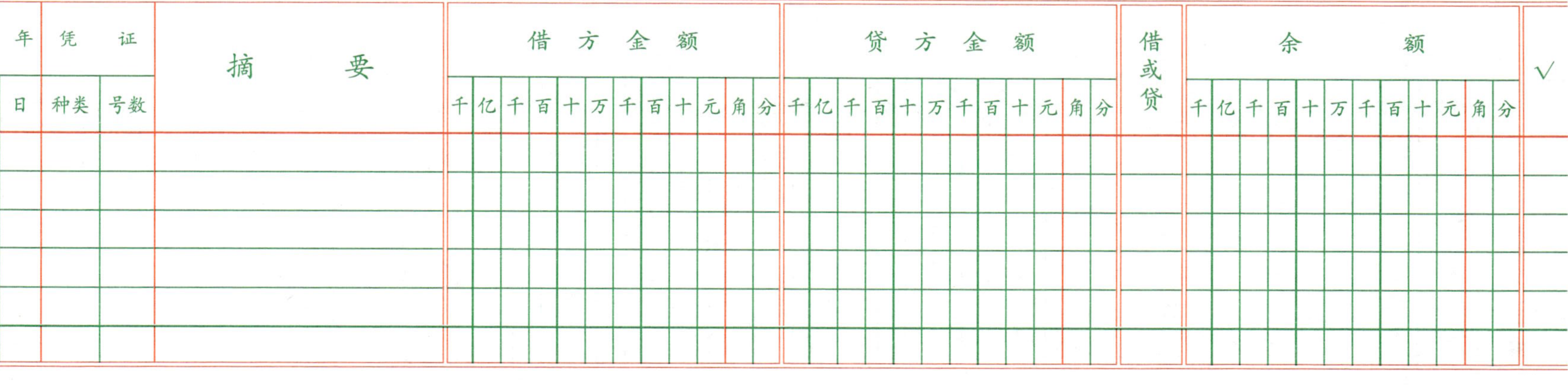

总分类账

第＿＿＿＿页

年		凭证		摘要	借方金额												贷方金额												借或贷	余额												√
月	日	种类	号数		千	亿	千	百	十	万	千	百	十	元	角	分	千	亿	千	百	十	万	千	百	十	元	角	分		千	亿	千	百	十	万	千	百	十	元	角	分	

总分类账

第＿＿＿＿页

年		凭证		摘要	借方金额												贷方金额												借或贷	余额												√
月	日	种类	号数		千	亿	千	百	十	万	千	百	十	元	角	分	千	亿	千	百	十	万	千	百	十	元	角	分		千	亿	千	百	十	万	千	百	十	元	角	分	

总分类账

第＿＿＿＿页

年		凭证		摘要	借方金额												贷方金额												借或贷	余额												√
月	日	种类	号数		千	亿	千	百	十	万	千	百	十	元	角	分	千	亿	千	百	十	万	千	百	十	元	角	分		千	亿	千	百	十	万	千	百	十	元	角	分	

总分类账

第＿＿＿＿页

年		凭证		摘要	借方金额												贷方金额												借或贷	余额												√
月	日	种类	号数		千	亿	千	百	十	万	千	百	十	元	角	分	千	亿	千	百	十	万	千	百	十	元	角	分		千	亿	千	百	十	万	千	百	十	元	角	分	

总分类账

第________页

年		凭证		摘要	借方金额												贷方金额												借或贷	余额												√
月	日	种类	号数		千	亿	千	百	十	万	千	百	十	元	角	分	千	亿	千	百	十	万	千	百	十	元	角	分		千	亿	千	百	十	万	千	百	十	元	角	分	

总分类账

第________页

年		凭证		摘要	借方金额												贷方金额												借或贷	余额												√
月	日	种类	号数		千	亿	千	百	十	万	千	百	十	元	角	分	千	亿	千	百	十	万	千	百	十	元	角	分		千	亿	千	百	十	万	千	百	十	元	角	分	

总分类账

第______页

年		凭证		摘要	借方金额												贷方金额												借或贷	余额												√
月	日	种类	号数		千	亿	千	百	十	万	千	百	十	元	角	分	千	亿	千	百	十	万	千	百	十	元	角	分		千	亿	千	百	十	万	千	百	十	元	角	分	

总分类账

第______页

年		凭证		摘要	借方金额												贷方金额												借或贷	余额												√
月	日	种类	号数		千	亿	千	百	十	万	千	百	十	元	角	分	千	亿	千	百	十	万	千	百	十	元	角	分		千	亿	千	百	十	万	千	百	十	元	角	分	

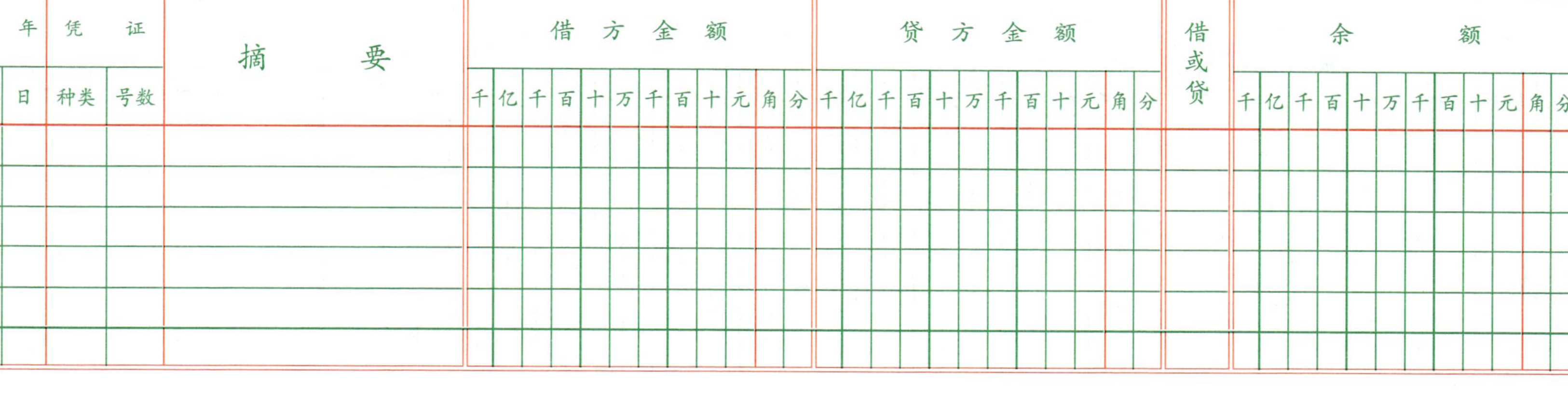

总分类账

第____页

年		凭证		摘要	借方金额												贷方金额												借或贷	余额												√
月	日	种类	号数		千	亿	千	百	十	万	千	百	十	元	角	分	千	亿	千	百	十	万	千	百	十	元	角	分		千	亿	千	百	十	万	千	百	十	元	角	分	

总分类账

第____页

年		凭证		摘要	借方金额												贷方金额												借或贷	余额												√
月	日	种类	号数		千	亿	千	百	十	万	千	百	十	元	角	分	千	亿	千	百	十	万	千	百	十	元	角	分		千	亿	千	百	十	万	千	百	十	元	角	分	

总分类账

第______页

年		凭证		摘要	借方金额												贷方金额												借或贷	余额												√
月	日	种类	号数		千	亿	千	百	十	万	千	百	十	元	角	分	千	亿	千	百	十	万	千	百	十	元	角	分		千	亿	千	百	十	万	千	百	十	元	角	分	

总分类账

第______页

年		凭证		摘要	借方金额												贷方金额												借或贷	余额												√
月	日	种类	号数		千	亿	千	百	十	万	千	百	十	元	角	分	千	亿	千	百	十	万	千	百	十	元	角	分		千	亿	千	百	十	万	千	百	十	元	角	分	

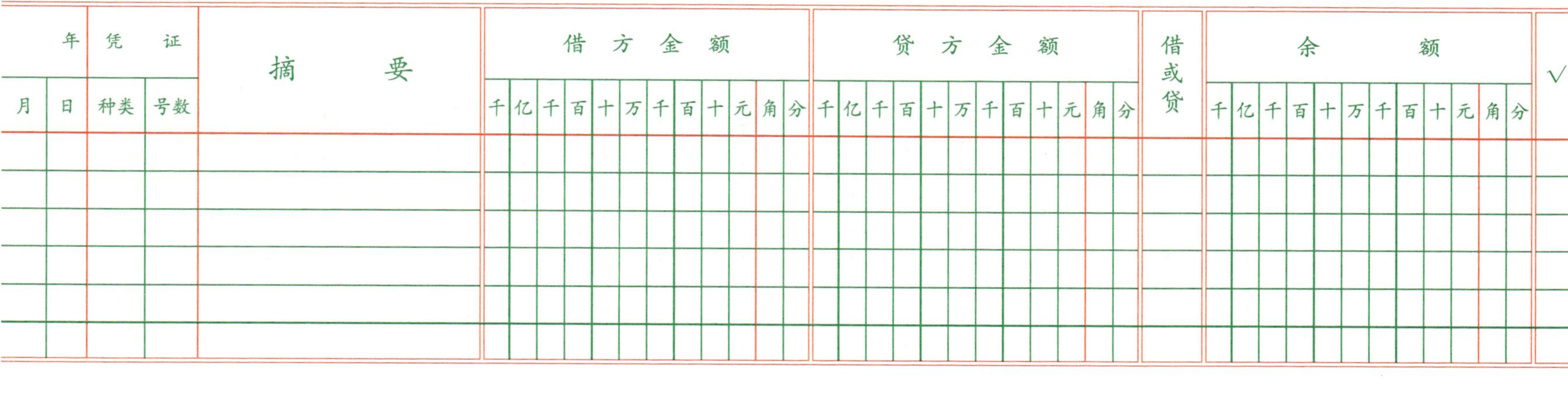

总分类账

第______页

年		凭证		摘要	借方金额												贷方金额												借或贷	余额												√
月	日	种类	号数		千	亿	千	百	十	万	千	百	十	元	角	分	千	亿	千	百	十	万	千	百	十	元	角	分		千	亿	千	百	十	万	千	百	十	元	角	分	

总分类账

第______页

年		凭证		摘要	借方金额												贷方金额												借或贷	余额												√
月	日	种类	号数		千	亿	千	百	十	万	千	百	十	元	角	分	千	亿	千	百	十	万	千	百	十	元	角	分		千	亿	千	百	十	万	千	百	十	元	角	分	

总分类账

第______页

年		凭证		摘要	借方金额												贷方金额												借或贷	余额												√
月	日	种类	号数		千	亿	千	百	十	万	千	百	十	元	角	分	千	亿	千	百	十	万	千	百	十	元	角	分		千	亿	千	百	十	万	千	百	十	元	角	分	

总分类账

第______页

年		凭证		摘要	借方金额												贷方金额												借或贷	余额												√
月	日	种类	号数		千	亿	千	百	十	万	千	百	十	元	角	分	千	亿	千	百	十	万	千	百	十	元	角	分		千	亿	千	百	十	万	千	百	十	元	角	分	

总分类账

第＿＿＿＿页

年		凭证		摘要	借方金额												贷方金额												借或贷	余额												√
月	日	种类	号数		千	亿	千	百	十	万	千	百	十	元	角	分	千	亿	千	百	十	万	千	百	十	元	角	分		千	亿	千	百	十	万	千	百	十	元	角	分	

总分类账

第＿＿＿＿页

年		凭证		摘要	借方金额												贷方金额												借或贷	余额												√
月	日	种类	号数		千	亿	千	百	十	万	千	百	十	元	角	分	千	亿	千	百	十	万	千	百	十	元	角	分		千	亿	千	百	十	万	千	百	十	元	角	分	

总分类账

第______页

年		凭证		摘要	借方金额												贷方金额												借或贷	余额												√
月	日	种类	号数		千	亿	千	百	十	万	千	百	十	元	角	分	千	亿	千	百	十	万	千	百	十	元	角	分		千	亿	千	百	十	万	千	百	十	元	角	分	

总分类账

第______页

年		凭证		摘要	借方金额												贷方金额												借或贷	余额												√
月	日	种类	号数		千	亿	千	百	十	万	千	百	十	元	角	分	千	亿	千	百	十	万	千	百	十	元	角	分		千	亿	千	百	十	万	千	百	十	元	角	分	

总分类账

第______页

年		凭证		摘要	借方金额												贷方金额												借或贷	余额												√
月	日	种类	号数		千	亿	千	百	十	万	千	百	十	元	角	分	千	亿	千	百	十	万	千	百	十	元	角	分		千	亿	千	百	十	万	千	百	十	元	角	分	

总分类账

第______页

年		凭证		摘要	借方金额												贷方金额												借或贷	余额												√
月	日	种类	号数		千	亿	千	百	十	万	千	百	十	元	角	分	千	亿	千	百	十	万	千	百	十	元	角	分		千	亿	千	百	十	万	千	百	十	元	角	分	

总分类账

第______页

年		凭证		摘要	借方金额												贷方金额												借或贷	余额												√
月	日	种类	号数		千	亿	千	百	十	万	千	百	十	元	角	分	千	亿	千	百	十	万	千	百	十	元	角	分		千	亿	千	百	十	万	千	百	十	元	角	分	

总分类账

第______页

年		凭证		摘要	借方金额												贷方金额												借或贷	余额												√
月	日	种类	号数		千	亿	千	百	十	万	千	百	十	元	角	分	千	亿	千	百	十	万	千	百	十	元	角	分		千	亿	千	百	十	万	千	百	十	元	角	分	

总分类账

第＿＿＿＿页

年		凭证		摘要	借方金额												贷方金额												借或贷	余额												√
月	日	种类	号数		千	亿	千	百	十	万	千	百	十	元	角	分	千	亿	千	百	十	万	千	百	十	元	角	分		千	亿	千	百	十	万	千	百	十	元	角	分	

总分类账

第＿＿＿＿页

年		凭证		摘要	借方金额												贷方金额												借或贷	余额												√
月	日	种类	号数		千	亿	千	百	十	万	千	百	十	元	角	分	千	亿	千	百	十	万	千	百	十	元	角	分		千	亿	千	百	十	万	千	百	十	元	角	分	

总分类账

第______页

年		凭证		摘要	借方金额												贷方金额												借或贷	余额												√
月	日	种类	号数		千	亿	千	百	十	万	千	百	十	元	角	分	千	亿	千	百	十	万	千	百	十	元	角	分		千	亿	千	百	十	万	千	百	十	元	角	分	

总分类账

第______页

年		凭证		摘要	借方金额												贷方金额												借或贷	余额												√
月	日	种类	号数		千	亿	千	百	十	万	千	百	十	元	角	分	千	亿	千	百	十	万	千	百	十	元	角	分		千	亿	千	百	十	万	千	百	十	元	角	分	

总分类账

第______页

年		凭证		摘要	借方金额												贷方金额												借或贷	余额												√
月	日	种类	号数		千	亿	千	百	十	万	千	百	十	元	角	分	千	亿	千	百	十	万	千	百	十	元	角	分		千	亿	千	百	十	万	千	百	十	元	角	分	

总分类账

第______页

年		凭证		摘要	借方金额												贷方金额												借或贷	余额												√
月	日	种类	号数		千	亿	千	百	十	万	千	百	十	元	角	分	千	亿	千	百	十	万	千	百	十	元	角	分		千	亿	千	百	十	万	千	百	十	元	角	分	

总分类账

第______页

年		凭证		摘要	借方金额												贷方金额												借或贷	余额												√
月	日	种类	号数		千	亿	千	百	十	万	千	百	十	元	角	分	千	亿	千	百	十	万	千	百	十	元	角	分		千	亿	千	百	十	万	千	百	十	元	角	分	

总分类账

第______页

年		凭证		摘要	借方金额												贷方金额												借或贷	余额												√
月	日	种类	号数		千	亿	千	百	十	万	千	百	十	元	角	分	千	亿	千	百	十	万	千	百	十	元	角	分		千	亿	千	百	十	万	千	百	十	元	角	分	

总分类账

第______页

年		凭证		摘要	借方金额												贷方金额												借或贷	余额												√
月	日	种类	号数		千	亿	千	百	十	万	千	百	十	元	角	分	千	亿	千	百	十	万	千	百	十	元	角	分		千	亿	千	百	十	万	千	百	十	元	角	分	

总分类账

第______页

年		凭证		摘要	借方金额												贷方金额												借或贷	余额												√
月	日	种类	号数		千	亿	千	百	十	万	千	百	十	元	角	分	千	亿	千	百	十	万	千	百	十	元	角	分		千	亿	千	百	十	万	千	百	十	元	角	分	

总分类账

第＿＿＿＿页

年		凭证		摘要	借方金额												贷方金额												借或贷	余额												√
月	日	种类	号数		千	亿	千	百	十	万	千	百	十	元	角	分	千	亿	千	百	十	万	千	百	十	元	角	分		千	亿	千	百	十	万	千	百	十	元	角	分	

总分类账

第＿＿＿＿页

年		凭证		摘要	借方金额												贷方金额												借或贷	余额												√
月	日	种类	号数		千	亿	千	百	十	万	千	百	十	元	角	分	千	亿	千	百	十	万	千	百	十	元	角	分		千	亿	千	百	十	万	千	百	十	元	角	分	

总分类账

第______页

年		凭证		摘要	借方金额												贷方金额												借或贷	余额												√
月	日	种类	号数		千	亿	千	百	十	万	千	百	十	元	角	分	千	亿	千	百	十	万	千	百	十	元	角	分		千	亿	千	百	十	万	千	百	十	元	角	分	

总分类账

第______页

年		凭证		摘要	借方金额												贷方金额												借或贷	余额												√
月	日	种类	号数		千	亿	千	百	十	万	千	百	十	元	角	分	千	亿	千	百	十	万	千	百	十	元	角	分		千	亿	千	百	十	万	千	百	十	元	角	分	

总分类账

第______页

年		凭证		摘要	借方金额												贷方金额												借或贷	余额												√
月	日	种类	号数		千	亿	千	百	十	万	千	百	十	元	角	分	千	亿	千	百	十	万	千	百	十	元	角	分		千	亿	千	百	十	万	千	百	十	元	角	分	

总分类账

第______页

年		凭证		摘要	借方金额												贷方金额												借或贷	余额												√
月	日	种类	号数		千	亿	千	百	十	万	千	百	十	元	角	分	千	亿	千	百	十	万	千	百	十	元	角	分		千	亿	千	百	十	万	千	百	十	元	角	分	

总分类账

第______页

年		凭证		摘要	借方金额												贷方金额												借或贷	余额												√
月	日	种类	号数		千	亿	千	百	十	万	千	百	十	元	角	分	千	亿	千	百	十	万	千	百	十	元	角	分		千	亿	千	百	十	万	千	百	十	元	角	分	

总分类账

第______页

年		凭证		摘要	借方金额												贷方金额												借或贷	余额												√
月	日	种类	号数		千	亿	千	百	十	万	千	百	十	元	角	分	千	亿	千	百	十	万	千	百	十	元	角	分		千	亿	千	百	十	万	千	百	十	元	角	分	

总分类账

第＿＿＿＿页

年		凭证		摘要	借方金额												贷方金额												借或贷	余额												√
月	日	种类	号数		千	亿	千	百	十	万	千	百	十	元	角	分	千	亿	千	百	十	万	千	百	十	元	角	分		千	亿	千	百	十	万	千	百	十	元	角	分	

总分类账

第＿＿＿＿页

年		凭证		摘要	借方金额												贷方金额												借或贷	余额												√
月	日	种类	号数		千	亿	千	百	十	万	千	百	十	元	角	分	千	亿	千	百	十	万	千	百	十	元	角	分		千	亿	千	百	十	万	千	百	十	元	角	分	

试算平衡表

年　　月　　日　　　　　　　　　　　　单位：元

总账科目	期初余额		本期发生额		期末余额	
	借方	贷方	借方	贷方	借方	贷方
合计						

财务主管　　　　　　　　　　复核　　　　　　　　　　制表

试算平衡表

年　　月　　日　　　　　　　　　　单位：元

总账科目	期初余额		本期发生额		期末余额	
	借方	贷方	借方	贷方	借方	贷方
合计						

财务主管　　　　　　　　复核　　　　　　　　制表

科目汇总表

年　　月　　日至　　月　　日　　　　　　　　汇字第　　　号

记账凭证：　　字第　　号至第　　号起

会计科目	本期发生额汇总		会计科目	本期发生额汇总	
	借方	贷方		借方	贷方

财务主管　　　　　　　　记账　　　　　　　　复核　　　　　　　　制表

科目汇总表

年　月　日至　月　日　　　　汇字第　　号

记账凭证：　字第　号至第　号起

会计科目	本期发生额汇总		会计科目	本期发生额汇总	
	借方	贷方		借方	贷方

财务主管　　　　记账　　　　复核　　　　制表

资产负债表

会企 01 表

编制单位： ______年______月______日 单位：元

资产	期末余额	上年年末余额	负债及所有者权益（或股东权益）	期末余额	上年年末余额
流动资产：			流动负债：		
货币资金			短期借款		
交易性金融资产			交易性金融负债		
衍生金融资产			衍生金融负债		
应收票据			应付票据		
应收账款			应付账款		
应收款项融资			预收款项		
预付款项			合同负债		
其他应收款			应付职工薪酬		
存货			应交税费		
合同资产			其他应付款		
持有待售资产			持有待售负债		
一年内到期的非流动资产			一年内到期的非流动负债		
其他流动资产			其他流动负债		
流动资产合计			流动负债合计		
非流动资产：			非流动负债：		
债券投资			长期借款		
其他债权投资			应付债券		
长期应收款			其中：优先股		
长期股权投资			永续债		
其他权益工具投资			租赁负债		
其他非流动金融资产			长期应付款		
投资性房地产			预计负债		
固定资产			递延收益		
在建工程			递延所得税负债		
生产性生物资产			其他非流动负债		
油气资产			非流动负债合计		
使用权资产			负债合计		
无形资产			所有者权益（或股东权益）：		
开发支出			实收资本（或股本）		
商誉			其他权益工具		
长期待摊费用			其中：优先股		
递延所得税资产			永续债		
其他非流动资产			资本公积		
非流动资产合计			减：库存股		
			其他综合收益		
			专项储备		
			盈余公积		
			未分配利润		
			所有者权益（或股东权益）合计		
资产总计			负债和所有者权益（或股东权益）总计		

资产负债表

会企01表

编制单位：　　　　　　　　____年____月____日　　　　　　　　单位：元

资产	期末余额	上年年末余额	负债及所有者权益（或股东权益）	期末余额	上年年末余额
流动资产：			流动负债：		
货币资金			短期借款		
交易性金融资产			交易性金融负债		
衍生金融资产			衍生金融负债		
应收票据			应付票据		
应收账款			应付账款		
应收款项融资			预收款项		
预付款项			合同负债		
其他应收款			应付职工薪酬		
存货			应交税费		
合同资产			其他应付款		
持有待售资产			持有待售负债		
一年内到期的非流动资产			一年内到期的非流动负债		
其他流动资产			其他流动负债		
流动资产合计			流动负债合计		
非流动资产：			非流动负债：		
债券投资			长期借款		
其他债权投资			应付债券		
长期应收款			其中：优先股		
长期股权投资			永续债		
其他权益工具投资			租赁负债		
其他非流动金融资产			长期应付款		
投资性房地产			预计负债		
固定资产			递延收益		
在建工程			递延所得税负债		
生产性生物资产			其他非流动负债		
油气资产			非流动负债合计		
使用权资产			负债合计		
无形资产			所有者权益（或股东权益）：		
开发支出			实收资本（或股本）		
商誉			其他权益工具		
长期待摊费用			其中：优先股		
递延所得税资产			永续债		
其他非流动资产			资本公积		
非流动资产合计			减：库存股		
			其他综合收益		
			专项储备		
			盈余公积		
			未分配利润		
			所有者权益（或股东权益）合计		
资产总计			负债和所有者权益（或股东权益）总计		

利　润　表

会企 02 表

编制单位：　　　　　　　　　　　＿＿年＿＿月＿＿日　　　　　　　　　　　　单位：元

项目	本期金额	上期金额
一、营业收入		
减：营业成本		
税金及附加		
销售费用		
管理费用		
研发费用		
财务费用		
其中：利息费用		
利息收入		
加：其他收益		
投资收益（损失以“—”号填列）		
其中：对联营企业和合营企业的投资收益		
以摊余成本计量的金融资产终止确认收益（损失以“—”号填列）		
净敞口套期收益（损失以“—”号填列）		
公允价值变动收益（损失以“—”号填列）		
信用减值损失（损失以“—”号填列）		
资产减值损失（损失以“—”号填列）		
资产处置收益（损失以“—”号填列）		
二、营业利润（亏损以“—”号填列）		
加：营业外收入		
减：营业外支出		
三、利润总额（亏损总额以“—”号填列）		
减：所得税费用		
四、净利润（净亏损以“—”号填列）		
（一）持续经营净利润（净亏损以“—”号填列）		
（二）终止经营净利润（净亏损以“—”号填列）		
五、其他综合收益的税后净额		
（一）不能重分类进损益的其他综合收益		
1．重新计量设定受益计划变动额		
2．权益法下不能转损益的其他综合收益		
3．其他权益工具投资公允价值变动		
4．企业自身信用风险公允价值变动		
……		
（二）将重分类进损益的其他综合收益		
1．权益法下可转损益的其他综合收益		
2．其他债权投资公允价值变动		
3．金融资产重分类计入其他综合收益的金额		
4．其他债权投资信用减值准备		
5．现金流量套期储备		
6．外币财务报表折算差额		
……		
六、综合收益总额		
七、每股收益：		
（一）基本每股收益		
（二）稀释每股收益		

利 润 表

会企 02 表

编制单位：　　　　____年____月____日　　　　单位：元

项目	本期金额	上期金额
一、营业收入		
减：营业成本		
税金及附加		
销售费用		
管理费用		
研发费用		
财务费用		
其中：利息费用		
利息收入		
加：其他收益		
投资收益（损失以“—”号填列）		
其中：对联营企业和合营企业的投资收益		
以摊余成本计量的金融资产终止确认收益（损失以“—”号填列）		
净敞口套期收益（损失以“—”号填列）		
公允价值变动收益（损失以“—”号填列）		
信用减值损失（损失以“—”号填列）		
资产减值损失（损失以“—”号填列）		
资产处置收益（损失以“—”号填列）		
二、营业利润（亏损以“—”号填列）		
加：营业外收入		
减：营业外支出		
三、利润总额（亏损总额以“—”号填列）		
减：所得税费用		
四、净利润（净亏损以“—”号填列）		
（一）持续经营净利润（净亏损以“—”号填列）		
（二）终止经营净利润（净亏损以“—”号填列）		
五、其他综合收益的税后净额		
（一）不能重分类进损益的其他综合收益		
1. 重新计量设定受益计划变动额		
2. 权益法下不能转损益的其他综合收益		
3. 其他权益工具投资公允价值变动		
4. 企业自身信用风险公允价值变动		
……		
（二）将重分类进损益的其他综合收益		
1. 权益法下可转损益的其他综合收益		
2. 其他债权投资公允价值变动		
3. 金融资产重分类计入其他综合收益的金额		
4. 其他债权投资信用减值准备		
5. 现金流量套期储备		
6. 外币财务报表折算差额		
……		
六、综合收益总额		
七、每股收益：		
（一）基本每股收益		
（二）稀释每股收益		

现 金 流 量 表

会企03表

编制单位：　　　　　　　　　　　　　　＿＿年＿＿月＿＿日　　　　　　　　　　　　　　单位：元

项目	本期金额	上期金额
一、经营活动产生的现金流量：		
销售商品、提供劳务收到的现金		
收到的税费返还		
收到其他与经营活动有关的现金		
经营活动现金流入小计		
购买商品、接受劳务支付的现金		
支付给职工以及为职工支付的现金		
支付的各项税费		
支付其他与经营活动有关的现金		
经营活动现金流出小计		
经营活动产生的现金流量净额		
二、投资活动产生的现金流量：		
收回投资所收到的现金		
取得投资收益所收到的现金		
处置固定资产、无形资产和其他长期资产收回的现金净额		
处置子公司及其他营业单位收到的现金净额		
收到其他与投资活动有关的现金		
投资活动现金流入小计		
购建固定资产、无形资产和其他长期资产支付的现金		
投资支付的现金		
取得子公司及其他营业单位支付的现金净额		
支付其他与投资活动有关的现金		
投资活动现金流出小计		
投资活动产生的现金流量净额		
三、筹资活动产生的现金流量：		
吸收投资收到的现金		
取得借款收到的现金		
收到其他与筹资活动有关的现金		
筹资活动现金流入小计		
偿还债务所支付的现金		
分配股利、利润或偿付利息所支付的现金		
支付其他与筹资活动有关的现金		
筹资活动现金流出小计		
筹资活动产生的现金流量净额		
四、汇率变动对现金及现金等价物的影响		
五、现金及现金等价物净增加额		
加：期初现金及现金等价物余额		
六、期末现金及现金等价物余额		

现金流量表

会企03表

编制单位： ____年____月____日 单位：元

项目	本期金额	上期金额
一、经营活动产生的现金流量：		
销售商品、提供劳务收到的现金		
收到的税费返还		
收到其他与经营活动有关的现金		
经营活动现金流入小计		
购买商品、接受劳务支付的现金		
支付给职工以及为职工支付的现金		
支付的各项税费		
支付其他与经营活动有关的现金		
经营活动现金流出小计		
经营活动产生的现金流量净额		
二、投资活动产生的现金流量：		
收回投资所收到的现金		
取得投资收益所收到的现金		
处置固定资产、无形资产和其他长期资产收回的现金净额		
处置子公司及其他营业单位收到的现金净额		
收到其他与投资活动有关的现金		
投资活动现金流入小计		
购建固定资产、无形资产和其他长期资产支付的现金		
投资支付的现金		
取得子公司及其他营业单位支付的现金净额		
支付其他与投资活动有关的现金		
投资活动现金流出小计		
投资活动产生的现金流量净额		
三、筹资活动产生的现金流量：		
吸收投资收到的现金		
取得借款收到的现金		
收到其他与筹资活动有关的现金		
筹资活动现金流入小计		
偿还债务所支付的现金		
分配股利、利润或偿付利息所支付的现金		
支付其他与筹资活动有关的现金		
筹资活动现金流出小计		
筹资活动产生的现金流量净额		
四、汇率变动对现金及现金等价物的影响		
五、现金及现金等价物净增加额		
加：期初现金及现金等价物余额		
六、期末现金及现金等价物余额		

附件 1

增值税及附加税费申报表

（一般纳税人适用）

根据国家税收法律法规及增值税相关规定制定本表。纳税人不论有无销售额，均应按税务机关核定的纳税期限填写本表，并向当地税务机关申报。

税款所属时间：自　年　月　日至　年　月　日　　　填表日期：　年　月　日　　　金额单位：元（列至角分）

纳税人识别号（统一社会信用代码）：□□□□□□□□□□□□□□□□□□□□　　　所属行业：

纳税人名称：		法定代表人姓名		注册地址		生产经营地址	
开户银行及账号			登记注册类型			电话号码	

项　目		栏次	一般项目		即征即退项目	
			本月数	本年累计	本月数	本年累计
销售额	（一）按适用税率计税销售额	1				
	其中：应税货物销售额	2				
	应税劳务销售额	3				
	纳税检查调整的销售额	4				
	（二）按简易办法计税销售额	5				
	其中：纳税检查调整的销售额	6				
	（三）免、抵、退办法出口销售额	7			——	——
	（四）免税销售额	8			——	——
	其中：免税货物销售额	9			——	——
	免税劳务销售额	10			——	——
税款计算	销项税额	11				
	进项税额	12				
	上期留抵税额	13				——
	进项税额转出	14				
	免、抵、退应退税额	15			——	——
	按适用税率计算的纳税检查应补缴税额	16			——	——
	应抵扣税额合计	17=12+13-14-15+16		——		——
	实际抵扣税额	18（如 17<11，则为 17，否则为 11）				
	应纳税额	19=11-18				
	期末留抵税额	20=17-18				——
	简易计税办法计算的应纳税额	21				
	按简易计税办法计算的纳税检查应补缴税额	22			——	——
	应纳税额减征额	23				
	应纳税额合计	24=19+21-23				

税款缴纳	期初未缴税额（多缴为负数）	25				
	实收出口开具专用缴款书退税额	26			—	—
	本期已缴税额	27=28+29+30+31				
	①分次预缴税额	28		—		—
	②出口开具专用缴款书预缴税额	29		—	—	—
	③本期缴纳上期应纳税额	30				
	④本期缴纳欠缴税额	31				
	期末未缴税额（多缴为负数）	32=24+25+26-27				
	其中：欠缴税额（≥0）	33=25+26-27		—		—
	本期应补（退）税额	34=24-28-29		—		—
	即征即退实际退税额	35	—	—		
	期初未缴查补税额	36			—	—
	本期入库查补税额	37			—	—
	期末未缴查补税额	38=16+22+36-37			—	—
附加税费	城市维护建设税本期应补（退）税额	39			—	—
	教育费附加本期应补（退）费额	40			—	—
	地方教育附加本期应补（退）费额	41			—	—

声明：此表是根据国家税收法律法规及相关规定填写的，本人（单位）对填报内容（及附带资料）的真实性、可靠性、完整性负责。

纳税人（签章）：　　年　月　日

经办人： 经办人身份证号： 代理机构签章： 代理机构统一社会信用代码：	受理人： 受理税务机关（章）：　　受理日期：　年　月　日

增值税及附加税费申报表附列资料（一）

（本期销售情况明细）

税款所属时间： 年 月 日至 年 月 日

纳税人名称：（公章） 金额单位：元（列至角分）

项目及栏次				开具增值税专用发票		开具其他发票		未开具发票		纳税检查调整		合计			服务、不动产和无形资产扣除项目本期实际扣除金额	扣除后	
				销售额	销项（应纳）税额	销售额	销项（应纳）税额	销售额	销项（应纳）税额	销售额	销项（应纳）税额	销售额	销项（应纳）税额	价税合计		含税（免税）销售额	销项（应纳）税额
				1	2	3	4	5	6	7	8	9=1+3+5+7	10=2+4+6+8	11=9+10	12	13=11−12	14=13÷(100%+税率或征收率)×税率或征收率
一、一般计税方法计税	全部征税项目	13% 税率的货物及加工修理修配劳务	1											—	—	—	—
		13% 税率的服务、不动产和无形资产	2														
		9% 税率的货物及加工修理修配劳务	3											—	—	—	—
		9% 税率的服务、不动产和无形资产	4														
		6% 税率	5														
	其中：即征即退项目	即征即退货物及加工修理修配劳务	6	—	—	—	—	—	—	—	—			—	—	—	—
		即征即退服务、不动产和无形资产	7	—	—	—	—	—	—	—	—						

二、简易计税方法计税	全部征税项目	6% 征收率	8							—	—			—	—	—	—
		5% 征收率的货物及加工修理修配劳务	9a							—	—			—	—	—	—
		5% 征收率的服务、不动产和无形资产	9b							—	—						
		4% 征收率	10							—	—			—	—	—	—
		3% 征收率的货物及加工修理修配劳务	11							—	—			—	—	—	—
		3% 征收率的服务、不动产和无形资产	12							—	—						
		预征率 %	13a							—	—						
		预征率 %	13b							—	—						
		预征率 %	13c							—	—						
	其中：即征即退项目	即征即退货物及加工修理修配劳务	14	—	—	—	—	—	—	—	—			—	—	—	—
		即征即退服务、不动产和无形资产	15	—	—	—	—	—	—	—	—						
三、免抵退税	货物及加工修理修配劳务		16	—	—		—		—	—	—		—	—	—	—	—
	服务、不动产和无形资产		17	—	—		—		—	—	—		—				—
四、免税	货物及加工修理修配劳务		18				—		—	—	—		—	—	—	—	—
	服务、不动产和无形资产		19	—	—		—		—	—	—		—				—

增值税及附加税费申报表附列资料（二）

（本期进项税额明细）

税款所属时间：年　月　日至　年　月　日

纳税人名称：（公章）　　　　金额单位：元（列至角分）

一、申报抵扣的进项税额				
项目	栏次	份数	金额	税额
（一）认证相符的增值税专用发票	1=2+3			
其中：本期认证相符且本期申报抵扣	2			
前期认证相符且本期申报抵扣	3			
（二）其他扣税凭证	4=5+6+7+8a+8b			
其中：海关进口增值税专用缴款书	5			
农产品收购发票或者销售发票	6			
代扣代缴税收缴款凭证	7		——	
加计扣除农产品进项税额	8a	——	——	
其他	8b			
（三）本期用于购建不动产的扣税凭证	9			
（四）本期用于抵扣的旅客运输服务扣税凭证	10			
（五）外贸企业进项税额抵扣证明	11	——	——	
当期申报抵扣进项税额合计	12=1+4+11			

二、进项税额转出额		
项目	栏次	税额
本期进项税额转出额	13=14 至 23 之和	
其中：免税项目用	14	
集体福利、个人消费	15	
非正常损失	16	
简易计税方法征税项目用	17	

项目	栏次	税额
免抵退税办法不得抵扣的进项税额	18	
纳税检查调减进项税额	19	
红字专用发票信息表注明的进项税额	20	
上期留抵税额抵减欠税	21	
上期留抵税额退税	22	
异常凭证转出进项税额	23a	
其他应作进项税额转出的情形	23b	

三、待抵扣进项税额

项目	栏次	份数	金额	税额
（一）认证相符的增值税专用发票	24	——	——	——
期初已认证相符但未申报抵扣	25			
本期认证相符且本期未申报抵扣	26			
期末已认证相符但未申报抵扣	27			
其中：按照税法规定不允许抵扣	28			
（二）其他扣税凭证	29=30 至 33 之和			
其中：海关进口增值税专用缴款书	30			
农产品收购发票或者销售发票	31			
代扣代缴税收缴款凭证	32		——	
其他	33			
	34			

四、其他

项目	栏次	份数	金额	税额
本期认证相符的增值税专用发票	35			
代扣代缴税额	36	——	——	

增值税及附加税费申报表附列资料（三）

（服务、不动产和无形资产扣除项目明细）

税款所属时间：　年　月　日至　年　月　日

纳税人名称：（公章）　　　　　　　　　　　　　　　　金额单位：元（列至角分）

项目及栏次		本期服务、不动产和无形资产价税合计额（免税销售额）	服务、不动产和无形资产扣除项目				
			期初余额	本期发生额	本期应扣除金额	本期实际扣除金额	期末余额
		1	2	3	4=2+3	5(5 ≤ 1 且 5 ≤ 4)	6=4-5
13% 税率的项目	1						
9% 税率的项目	2						
6% 税率的项目（不含金融商品转让）	3						
6% 税率的金融商品转让项目	4						
5% 征收率的项目	5						
3% 征收率的项目	6						
免抵退税的项目	7						
免税的项目	8						

增值税及附加税费申报表附列资料（四）

（税额抵减情况表）

税款所属时间： 年 月 日至 年 月 日

纳税人名称：（公章） 金额单位：元（列至角分）

一、税额抵减情况							
序号	抵减项目	期初余额	本期发生额	本期应抵减税额	本期实际抵减税额	期末余额	
		1	2	3=1+2	4 ≤ 3	5=3-4	
1	增值税税控系统专用设备费及技术维护费						
2	分支机构预征缴纳税款						
3	建筑服务预征缴纳税款						
4	销售不动产预征缴纳税款						
5	出租不动产预征缴纳税款						
二、加计抵减情况							
序号	加计抵减项目	期初余额	本期发生额	本期调减额	本期可抵减额	本期实际抵减额	期末余额
		1	2	3	4=1+2-3	5	6=4-5
6	一般项目加计抵减额计算						
7	即征即退项目加计抵减额计算						
8	合计						

增值税及附加税费申报表附列资料（五）

（附加税费情况表）

税（费）款所属时间：年 月 日至 年 月 日

纳税人名称：（公章） 金额单位：元（列至角分）

<table>
<tr><td colspan="2" rowspan="3">税（费）种</td><td colspan="3">计税（费）依据</td><td rowspan="2">税（费）率（%）</td><td rowspan="2">本期应纳税（费）额</td><td colspan="2">本期减免税（费）额</td><td colspan="2">试点建设培育产教融合型企业</td><td rowspan="2">本期已缴税（费）额</td><td rowspan="2">本期应补（退）税（费）额</td></tr>
<tr><td>增值税税额</td><td>增值税免抵税额</td><td>留抵退税本期扣除额</td><td>减免性质代码</td><td>减免税（费）额</td><td>减免性质代码</td><td>本期抵免金额</td></tr>
<tr><td>1</td><td>2</td><td>3</td><td>4</td><td>5=（1+2-3）×4</td><td>6</td><td>7</td><td>8</td><td>9</td><td>10</td><td>11=5-7-9-10</td></tr>
<tr><td>城市维护建设税</td><td>1</td><td></td><td></td><td></td><td></td><td></td><td></td><td></td><td>——</td><td>——</td><td></td><td></td></tr>
<tr><td>教育费附加</td><td>2</td><td></td><td></td><td></td><td></td><td></td><td></td><td></td><td></td><td></td><td></td><td></td></tr>
<tr><td>地方教育附加</td><td>3</td><td></td><td></td><td></td><td></td><td></td><td></td><td></td><td></td><td></td><td></td><td></td></tr>
<tr><td>合计</td><td>4</td><td>——</td><td>——</td><td>——</td><td>——</td><td></td><td>——</td><td></td><td>——</td><td></td><td></td><td></td></tr>
<tr><td colspan="5" rowspan="3">本期是否适用试点建设培育产教融合型企业抵免政策</td><td rowspan="3">□是
□否</td><td colspan="4">当期新增投资额</td><td>5</td><td colspan="2"></td></tr>
<tr><td colspan="4">上期留抵可抵免金额</td><td>6</td><td colspan="2"></td></tr>
<tr><td colspan="4">结转下期可抵免金额</td><td>7</td><td colspan="2"></td></tr>
<tr><td colspan="6" rowspan="3">可用于扣除的增值税留抵退税额使用情况</td><td colspan="4">当期新增可用于扣除的留抵退税额</td><td>8</td><td colspan="2"></td></tr>
<tr><td colspan="4">上期结存可用于扣除的留抵退税额</td><td>9</td><td colspan="2"></td></tr>
<tr><td colspan="4">结转下期可用于扣除的留抵退税额</td><td>10</td><td colspan="2"></td></tr>
</table>

增值税减免税申报明细表

税款所属时间：自　年　月　日至　年　月　日

纳税人名称：（公章）　　　　金额单位：元（列至角分）

一、减税项目						
减税性质代码及名称	栏次	期初余额	本期发生额	本期应抵减税额	本期实际抵减税额	期末余额
		1	2	3=1+2	4≤3	5=3-4
合计	1					
	2					
	3					
	4					
	5					
	6					

二、免税项目						
免税性质代码及名称	栏次	免征增值税项目销售额	免税销售额扣除项目本期实际扣除金额	扣除后免税销售额	免税销售额对应的进项税额	免税额
		1	2	3=1-2	4	5
合　计	7					
出口免税	8		—	—	—	
其中：跨境服务	9		—	—	—	
	10				—	
	11				—	
	12				—	
	13				—	
	14				—	
	15				—	
	16				—	

附件 1

增值税及附加税费申报表

（一般纳税人适用）

根据国家税收法律法规及增值税相关规定制定本表。纳税人不论有无销售额，均应按税务机关核定的纳税期限填写本表，并向当地税务机关申报。

税款所属时间：自　年　月　日至　年　月　日　　填表日期：　年　月　日　　金额单位：元（列至角分）

纳税人识别号（统一社会信用代码）：□□□□□□□□□□□□□□□□□□□□　　所属行业：

纳税人名称：		法定代表人姓名		注册地址		生产经营地址	
开户银行及账号		登记注册类型			电话号码		

	项　　目	栏次	一般项目		即征即退项目	
			本月数	本年累计	本月数	本年累计
销售额	（一）按适用税率计税销售额	1				
	其中：应税货物销售额	2				
	应税劳务销售额	3				
	纳税检查调整的销售额	4				
	（二）按简易办法计税销售额	5				
	其中：纳税检查调整的销售额	6				
	（三）免、抵、退办法出口销售额	7			——	——
	（四）免税销售额	8			——	——
	其中：免税货物销售额	9			——	——
	免税劳务销售额	10			——	——
税款计算	销项税额	11				
	进项税额	12				
	上期留抵税额	13				——
	进项税额转出	14				
	免、抵、退应退税额	15			——	——
	按适用税率计算的纳税检查应补缴税额	16			——	——
	应抵扣税额合计	17=12+13-14-15+16		——		——
	实际抵扣税额	18（如 17<11，则为 17，否则为 11）				
	应纳税额	19=11-18				
	期末留抵税额	20=17-18				——
	简易计税办法计算的应纳税额	21				
	按简易计税办法计算的纳税检查应补缴税额	22			——	——
	应纳税额减征额	23				
	应纳税额合计	24=19+21-23				

税款缴纳	期初未缴税额（多缴为负数）	25				
	实收出口开具专用缴款书退税额	26			——	——
	本期已缴税额	27=28+29+30+31				
	①分次预缴税额	28		——		——
	②出口开具专用缴款书预缴税额	29		——	——	——
	③本期缴纳上期应纳税额	30				
	④本期缴纳欠缴税额	31				
	期末未缴税额（多缴为负数）	32=24+25+26-27				
	其中：欠缴税额（≥0）	33=25+26-27		——		——
	本期应补（退）税额	34=24-28-29		——		——
	即征即退实际退税额	35	——	——		
	期初未缴查补税额	36			——	——
	本期入库查补税额	37			——	——
	期末未缴查补税额	38=16+22+36-37			——	——
附加税费	城市维护建设税本期应补（退）税额	39			——	——
	教育费附加本期应补（退）费额	40			——	——
	地方教育附加本期应补（退）费额	41			——	——

声明：此表是根据国家税收法律法规及相关规定填写的，本人（单位）对填报内容（及附带资料）的真实性、可靠性、完整性负责。

纳税人（签章）：　　年　月　日

经办人： 经办人身份证号： 代理机构签章： 代理机构统一社会信用代码：	受理人： 受理税务机关（章）：　　受理日期：　年　月　日

增值税及附加税费申报表附列资料（一）

（本期销售情况明细）

税款所属时间：　年　月　日至　年　月　日

纳税人名称：（公章）

金额单位：元（列至角分）

项目及栏次				开具增值税专用发票		开具其他发票		未开具发票		纳税检查调整		合计			服务、不动产和无形资产扣除项目本期实际扣除金额	扣除后	
				销售额	销项（应纳）税额	销售额	销项（应纳）税额	销售额	销项（应纳）税额	销售额	销项（应纳）税额	销售额	销项（应纳）税额	价税合计		含税（免税）销售额	销项（应纳）税额
				1	2	3	4	5	6	7	8	9=1+3+5+7	10=2+4+6+8	11=9+10	12	13=11−12	14=13÷(100%+税率或征收率)×税率或征收率
一、一般计税方法计税	全部征税项目	13%税率的货物及加工修理修配劳务	1											——	——	——	——
		13%税率的服务、不动产和无形资产	2														
		9%税率的货物及加工修理修配劳务	3											——	——	——	——
		9%税率的服务、不动产和无形资产	4														
		6%税率	5														
	其中：即征即退项目	即征即退货物及加工修理修配劳务	6	——	——	——	——	——	——	——	——			——	——	——	——
		即征即退服务、不动产和无形资产	7	——	——	——	——	——	——	——	——						

二、简易计税方法计税	全部征税项目	6% 征收率	8							—	—			—	—	—	—
		5% 征收率的货物及加工修理修配劳务	9a							—	—			—	—	—	—
		5% 征收率的服务、不动产和无形资产	9b							—	—						
		4% 征收率	10							—	—			—	—	—	—
		3% 征收率的货物及加工修理修配劳务	11							—	—			—	—	—	—
		3% 征收率的服务、不动产和无形资产	12							—	—						
		预征率 %	13a							—	—						
		预征率 %	13b							—	—						
		预征率 %	13c							—	—						
	其中：即征即退项目	即征即退货物及加工修理修配劳务	14	—	—	—	—	—	—	—	—			—	—	—	—
		即征即退服务、不动产和无形资产	15	—	—	—	—	—	—	—	—						
三、免抵退税	货物及加工修理修配劳务		16	—	—		—		—	—	—		—	—	—	—	—
	服务、不动产和无形资产		17	—	—		—		—	—	—		—				—
四、免税	货物及加工修理修配劳务		18				—		—	—	—		—	—	—	—	—
	服务、不动产和无形资产		19	—	—		—		—	—	—		—				—

增值税及附加税费申报表附列资料（二）

（本期进项税额明细）

税款所属时间：年　月　日至　年　月　日

纳税人名称：（公章）　　　　　　　　金额单位：元（列至角分）

一、申报抵扣的进项税额				
项目	栏次	份数	金额	税额
（一）认证相符的增值税专用发票	1=2+3			
其中：本期认证相符且本期申报抵扣	2			
前期认证相符且本期申报抵扣	3			
（二）其他扣税凭证	4=5+6+7+8a+8b			
其中：海关进口增值税专用缴款书	5			
农产品收购发票或者销售发票	6			
代扣代缴税收缴款凭证	7		——	
加计扣除农产品进项税额	8a	——	——	
其他	8b			
（三）本期用于购建不动产的扣税凭证	9			
（四）本期用于抵扣的旅客运输服务扣税凭证	10			
（五）外贸企业进项税额抵扣证明	11	——	——	
当期申报抵扣进项税额合计	12=1+4+11			

二、进项税额转出额		
项目	栏次	税额
本期进项税额转出额	13=14 至 23 之和	
其中：免税项目用	14	
集体福利、个人消费	15	
非正常损失	16	
简易计税方法征税项目用	17	

项目	栏次	税额
免抵退税办法不得抵扣的进项税额	18	
纳税检查调减进项税额	19	
红字专用发票信息表注明的进项税额	20	
上期留抵税额抵减欠税	21	
上期留抵税额退税	22	
异常凭证转出进项税额	23a	
其他应作进项税额转出的情形	23b	

三、待抵扣进项税额

项目	栏次	份数	金额	税额
（一）认证相符的增值税专用发票	24	——	——	——
期初已认证相符但未申报抵扣	25			
本期认证相符且本期未申报抵扣	26			
期末已认证相符但未申报抵扣	27			
其中：按照税法规定不允许抵扣	28			
（二）其他扣税凭证	29=30 至 33 之和			
其中：海关进口增值税专用缴款书	30			
农产品收购发票或者销售发票	31			
代扣代缴税收缴款凭证	32		——	
其他	33			
	34			

四、其他

项目	栏次	份数	金额	税额
本期认证相符的增值税专用发票	35			
代扣代缴税额	36	——	——	

增值税及附加税费申报表附列资料（三）

（服务、不动产和无形资产扣除项目明细）

税款所属时间： 年 月 日至 年 月 日

纳税人名称：（公章） 金额单位：元（列至角分）

项目及栏次		本期服务、不动产和无形资产价税合计额（免税销售额）	服务、不动产和无形资产扣除项目				
			期初余额	本期发生额	本期应扣除金额	本期实际扣除金额	期末余额
		1	2	3	4=2+3	5(5 ≤ 1 且 5 ≤ 4)	6=4−5
13% 税率的项目	1						
9% 税率的项目	2						
6% 税率的项目（不含金融商品转让）	3						
6% 税率的金融商品转让项目	4						
5% 征收率的项目	5						
3% 征收率的项目	6						
免抵退税的项目	7						
免税的项目	8						

增值税及附加税费申报表附列资料（四）

（税额抵减情况表）

税款所属时间：年 月 日至 年 月 日

纳税人名称：（公章） 金额单位：元（列至角分）

一、税额抵减情况							
序号	抵减项目	期初余额	本期发生额	本期应抵减税额	本期实际抵减税额	期末余额	
		1	2	3=1+2	4≤3	5=3-4	
1	增值税税控系统专用设备费及技术维护费						
2	分支机构预征缴纳税款						
3	建筑服务预征缴纳税款						
4	销售不动产预征缴纳税款						
5	出租不动产预征缴纳税款						
二、加计抵减情况							
序号	加计抵减项目	期初余额	本期发生额	本期调减额	本期可抵减额	本期实际抵减额	期末余额
		1	2	3	4=1+2-3	5	6=4-5
6	一般项目加计抵减额计算						
7	即征即退项目加计抵减额计算						
8	合计						

增值税及附加税费申报表附列资料（五）

（附加税费情况表）

税（费）款所属时间： 年 月 日至 年 月 日

纳税人名称：（公章） 金额单位：元（列至角分）

税（费）种		计税（费）依据			税（费）率（%）	本期应纳税（费）额	本期减免税（费）额		试点建设培育产教融合型企业		本期已缴税（费）额	本期应补（退）税（费）额
		增值税税额	增值税免抵税额	留抵退税本期扣除额			减免性质代码	减免税（费）额	减免性质代码	本期抵免金额		
		1	2	3	4	5=（1+2-3）×4	6	7	8	9	10	11=5-7-9-10
城市维护建设税	1								—	—		
教育费附加	2											
地方教育附加	3											
合计	4	—	—	—	—		—		—			
本期是否适用试点建设培育产教融合型企业抵免政策					□是 □否	当期新增投资额				5		
						上期留抵可抵免金额				6		
						结转下期可抵免金额				7		
可用于扣除的增值税留抵退税额使用情况						当期新增可用于扣除的留抵退税额				8		
						上期结存可用于扣除的留抵退税额				9		
						结转下期可用于扣除的留抵退税额				10		

增值税减免税申报明细表

税款所属时间：自　年　月　日至　年　月　日

纳税人名称：（公章）　　　　　　　　　　金额单位：元（列至角分）

一、减税项目						
减税性质代码及名称	栏次	期初余额	本期发生额	本期应抵减税额	本期实际抵减税额	期末余额
		1	2	3=1+2	4≤3	5=3-4
合计	1					
	2					
	3					
	4					
	5					
	6					
二、免税项目						
免税性质代码及名称	栏次	免征增值税项目销售额	免税销售额扣除项目本期实际扣除金额	扣除后免税销售额	免税销售额对应的进项税额	免税额
		1	2	3=1-2	4	5
合　计	7					
出口免税	8		——	——	——	
其中：跨境服务	9		——	——	——	
	10				——	
	11				——	
	12				——	
	13				——	
	14				——	
	15				——	
	16				——	

A200000

中华人民共和国企业所得税月（季）度预缴纳税申报表（A类）

税款所属期间：年 月 日至 年 月 日

纳税人识别号（统一社会信用代码）：□□□□□□□□□□□□□□□□□□□□

纳税人名称：

金额单位：人民币元（列至角分）

优惠及附报事项有关信息									
项　目	一季度		二季度		三季度		四季度		季度平均值
	季初	季末			季初	季末	季初	季末	
从业人数									
资产总额（万元）									
国家限制或禁止行业	□是□否				小型微利企业				□是□否
	附　报　事　项　名　称								金额或选项
事项 1	（填写特定事项名称）								
事项 2	（填写特定事项名称）								

	预缴税款计算	本年累计
1	营业收入	
2	营业成本	
3	利润总额	
4	加：特定业务计算的应纳税所得额	
5	减：不征税收入	
6	减：资产加速折旧、摊销（扣除）调减额（填写 A201020）	
7	减：免税收入、减计收入、加计扣除（7.1+7.2+…）	
7.1	（填写优惠事项名称）	
7.2	（填写优惠事项名称）	
8	减：所得减免（8.1+8.2+…）	
8.1	（填写优惠事项名称）	
8.2	（填写优惠事项名称）	
9	减：弥补以前年度亏损	
10	实际利润额（3+4-5-6-7-8-9）\按照上一纳税年度应纳税所得额平均额确定的应纳税所得额	
11	税率（25%）	
12	应纳所得税额（10×11）	
13	减：减免所得税额（13.1+13.2+…）	
13.1	（填写优惠事项名称）	
13.2	（填写优惠事项名称）	
14	减：本年实际已缴纳所得税额	
15	减：特定业务预缴（征）所得税额	
16	本期应补（退）所得税额（12-13-14-15）\税务机关确定的本期应纳所得税额	

汇总纳税企业总分机构税款计算				
17	总机构	总机构本期分摊应补（退）所得税额（18+19+20）		
18		其中：总机构分摊应补（退）所得税额（16× 总机构分摊比例 __%）		
19		财政集中分配应补（退）所得税额（16× 财政集中分配比例 __%）		
20		总机构具有主体生产经营职能的部门分摊所得税额（16× 全部分支机构分摊比例 __%× 总机构具有主体生产经营职能部门分摊比例 __%)		
21	分支机构	分支机构本期分摊比例		
22		分支机构本期分摊应补（退）所得税额		
实际缴纳企业所得税计算				
23	减：民族自治地区企业所得税地方分享部分：□ 免征 □ 减征：减征幅度 ____%）		本年累计应减免金额 [（12-13-15）×40%× 减征幅度]	
24	实际应补（退）所得税额			
谨声明：本纳税申报表是根据国家税收法律法规及相关规定填报的，是真实的、可靠的、完整的。 纳税人 （签章）：年月日				
经办人： 经办人身份证号： 代理机构签章： 代理机构统一社会信用代码：		受理人： 受理税务机关（章）： 受理日期：年月日		

家税务总局监制

A201020

资产加速折旧、摊销（扣除）优惠明细表

行次	项目	本年享受优惠的资产原值	本年累计折旧\摊销（扣除）金额				
			账载折旧\摊销金额	按照税收一般规定计算的折旧\摊销金额	享受加速政策计算的折旧\摊销金额	纳税调减金额	享受加速政策优惠金额
		1	2	3	4	5	6（4-3）
1	一、加速折旧、摊销（不含一次性扣除，1.1+1.2+…）						
1.1	（填写优惠事项名称）						
1.2	（填写优惠事项名称）						
2	二、一次性扣除（2.1+2.2+…）						
2.1	（填写优惠事项名称）						
2.2	（填写优惠事项名称）						
3	合计（1+2）						

A202000

企业所得税汇总纳税分支机构所得税分配表

税款所属期间：年 月 日至 年 月 日

总机构名称（盖章）：

总机构纳税人识别号（统一社会信用代码）：

金额单位：元（列至角分）

应纳所得税额		总机构分摊所得税额	总机构财政集中分配所得税额			分支机构分摊所得税额	
分支机构情况	分支机构纳税人识别号（统一社会信用代码）	分支机构名称	三项因素			分配比例	分配所得税额
			营业收入	职工薪酬	资产总额		
	合计						